Rousseau: alienación, falsa identidad y el rol social del líder consciente

JUAN MARTÍN FIGINI

authorHOUSE®

AuthorHouse™
1663 Liberty Drive
Bloomington, IN 47403
www.authorhouse.com
Teléfono: 1 (800) 839-8640

Publicada por AuthorHouse   08/16/2016

ISBN: 978-1-5246-2394-4 (sc)
ISBN: 978-1-5246-2393-7 (e)

Numero de la Libreria del Congreso: 2016913078

Información sobre impresión disponible en la última página.

Índice

PRÓLOGO

Este libro fue concebido con el propósito de ofrecer al público lector una interpretación plausible sobre las obras más valiosas del filósofo Jean Jacques Rousseau: el *Segundo Discurso*, el *Emilio* y el *Contrato Social*.

Dichos trabajos se desarrollaron de acuerdo a una perspectiva de la realidad humana que nos ofrece la posibilidad de comprender la sociedad contemporánea, a pesar del momento histórico tan lejano en el que se escribieron.

Cuando Rousseau nos brinda una mirada sobre el fenómeno de la alienación, el cual implica que el hombre vive fuera de sí mismo, alejado de su esencia, nos obliga a observarnos y evaluarnos en nuestra actual situación. Nosotros, los hombres y mujeres civilizados del siglo XXI, ¿estamos viviendo de acuerdo a nuestra naturaleza o no? ¿Vivimos alienados o vivimos alineados a nuestro ser espiritual?

Rousseau poseía una concepción de que el ser humano por naturaleza era virtuoso y que todo el conocimiento se podía obtener mediante la comprensión profunda de nuestro Ser.

En esta obra se van a ofrecer dos tesis[1] que constituyen dos ensayos: el primero se refiere a la corrupción del ser humano en la civilización a raíz de la construcción social de una falsa identidad, producto de un estado de ignorancia fundamental, que privó al hombre de comprender su naturaleza y en consecuencia impidió desarrollar una identidad acorde, y un sistema de relaciones sociales con plena conciencia del Ser que define al humano.

El segundo ensayo plantea la salida del estado de corrupción por medio de la gestación del contrato social que se puede desarrollar a través de un sujeto conocedor de la verdadera naturaleza humana que guía al rebaño

---

[1]   Las tesis son el resultado de los dos trabajos de investigación realizados por el autor del libro para la carrera de Ciencia Política y la carrera de Relaciones Internacionales, respectivamente.

hacia la salida del túnel para encontrar la luz del conocimiento, sin el cual no se podría haber concretado nunca la sociedad política democrática rousseauniana. Alguien debe haber adquirido el conocimiento sobre la naturaleza y decidió difundirlo y compartirlo para poder construir un sistema sociopolítico con base en la Verdad del ser humano. Ese sujeto es el líder consciente que contribuye a desarrollar las condiciones intelectuales de igualdad, libertad y fraternidad que sustentan la gestación de una voluntad sociopolítica democrática basada en el conocimiento de la naturaleza común de la raza humana.

Estos dos ensayos son contribuciones hermenéuticas sobre las tres obras de Rousseau que he decidido compartir con todas las personas que están empezando a leer sus trabajos, como también con todos los profesionales y expertos en la materia que quieran abordar la lectura de esta obra con el fin de sumar un ladrillo al castillo de conocimiento interpretativo, como muchos otros autores lo han hecho en el pasado y cuya lectura me ha enriquecido mucho.

Espero que estas dos tesis sobre estas obras tan sorprendentemente contemporáneas de Rousseau nos ayuden a iluminar vacíos y a resolver enigmas que el ginebrino nos legó a las futuras generaciones.

Ensayo 1:
Alienación en Rousseau:
Crítica Social y Proyecto Pedagógico

ENSAYO 1. Alienación en Rousseau: Crítica Social y Proyecto Pedagógico

Introducción

El objetivo de este trabajo es indagar la correlación que en base al tema de la falsa identidad se podría establecer entre el *Segundo Discurso* (2003) y el *Emilio* (1985), obras escritas por Jean Jacques Rousseau.[2]

A razón de esto se sostendrá como hipótesis que existe un tema central que vincula a los textos citados, y ese tema es la falsa identidad.[3] En el primer texto se presenta una concepción general del hombre y su estado corrompido una vez inserto en la sociedad civil. En el segundo se busca erradicar esa corrupción educando a las futuras generaciones para que puedan a largo plazo generar una modificación sustancial de las instituciones políticas.

Cabe destacar que la falsa identidad no es un tema que señala Rousseau explícitamente en sus obras, pero haciendo una lectura profunda de los textos que escribió y que corresponde analizar se establecerá un vínculo entre el concepto de "alienación", que utiliza en ambas obras, y el tema de nuestra hipótesis.[4]

Con respecto a esto, Rousseau va a denunciar el modo de vida alienante que impera en la sociedad y que corrompe al hombre que vive en ella (*Segundo Discurso*), y va a tratar de modificar esa cultura educando a las futuras generaciones de acuerdo con el conocimiento de la naturaleza (*Emilio*), el

---

[2] Las fechas de las primeras publicaciones de las dos obras fueron respectivamente 1755 y 1762. Además el título de *Segundo Discurso* se emplea para referirse de forma resumida al título original que es *Discurso sobre el origen y los fundamentos de la desigualdad entre los hombres*. A su vez el *Emilio* es una abreviatura del título original que es *Emilio, o De la educación*.

[3] La falsa identidad implica que el hombre no se reconoce a sí mismo como lo que es. Este tema central puede estar relacionado con otros que sirvan para vincular a ambas obras.

[4] La alienación significa que el hombre vive fuera de sí mismo.

cual Rousseau considera indispensable para que el hombre no sea alienado en la vida social.

De esta forma, Rousseau considera que un paso necesario para solucionar el problema de la alienación es el conocimiento de la naturaleza del hombre, lo cual implica que en ausencia del mismo el sujeto es propenso a ser alienado en convivencia en sociedad.

La ausencia de este conocimiento implica que el hombre es un ignorante fundamental y a raíz de esta ignorancia es que el mismo se reconoce como algo que no es (falsa identidad).

A razón de esto, la alienación que sufre el hombre en sociedad es indicador de la presencia de la falsa identidad y, por ende, de la ignorancia fundamental que genera la misma.

Entonces Rousseau lo que hace en el *Segundo Discurso* es denunciar el proceso de socialización que lleva a que la falsa identidad predomine en el estado civil y va a tratar de combatir la misma en el *Emilio* por medio del conocimiento de la naturaleza que se le va a inculcar a un alumno imaginario (Emilio), del cual se espera que pueda insertarse en la sociedad sin ser corrompido.

A través de este proyecto educativo se espera generar a futuro un cambio sustancial de las instituciones políticas, a fin de que éstas puedan dirigir el proceso de socialización por medio de principios que estén en consonancia con la naturaleza del hombre, y de este modo se logre establecer, en alguna medida, una conciliación entre civilización y naturaleza.

De esta manera se espera reparar las desigualdades institucionales que no se corresponden con la igualdad esencial que existe entre todos los seres humanos y que se han generado gracias a la idea de consideración que pudo dar sus frutos negativos en la relación entre los individuos a razón de la ignorancia fundamental que padecían éstos.

Habiendo repasado brevemente la conexión entre los dos libros que van a ser analizados, pasaremos a relatar en que va a consistir cada capítulo.

En el primer capítulo vamos a abordar el tema de la alienación en el *Segundo Discurso*, en el segundo capítulo vamos a hablar sobre la recuperación de sí en el *Emilio*, y en el tercer capítulo vamos a tratar la conexión entre el *Segundo Discurso* y el *Emilio*.

El capítulo uno está dividido en tres secciones: en la primera se va a hablar del estado de naturaleza y de las cualidades del hombre prototípico de este estado; en la segunda se va a hablar sobre el surgimiento de la alienación, promovida por la idea de consideración, y su repercusión negativa en la lógica de interacción social a partir del surgimiento de nuevas desigualdades que generaron en los hombres una forma de vida miserable; y por último en la tercera sección se van a contrastar las características del hombre salvaje con las del hombre civil y de esta forma se va a medir cuánto se ha alejado el hombre social de su naturaleza.

El capítulo dos también está dividido en tres secciones: en la primera se va a hacer una revisión general del proyecto educativo que se va a aplicar para la educación de Emilio y en la cual se tratará específicamente el tema de la no alienación como finalidad de este proyecto; en la segunda se va a analizar la religión natural que se le va a enseñar a Emilio y la implicancia que esta enseñanza tiene en la configuración de la identidad del discípulo; y por último en la tercer sección se va a analizar la relación conceptual que existe entre la religión natural y la sociedad política ideal que Rousseau nos da a conocer al final de su libro.

Por último vamos a abordar el capítulo tres, que está dividido en dos secciones: en la primera se va a demostrar la conexión que existe entre la alienación y la falsa identidad, y a razón de esto vamos a indagar la hipótesis de que la falsa identidad sea una fuente determinante de la desigualdad; y en la segunda sección se va a analizar la correlación que existe entre las dos obras en base al tema de la falsa identidad y se va a complementar nuestra postura con la de otros intérpretes.

El ensayo finaliza con una conclusión y un corolario que se deduce de la lectura de las obras analizadas.

Capítulo 1. Alienación en el *Segundo Discurso*

<u>Cualidades naturales y estado de naturaleza</u>

Este Discurso fue escrito por Jean Jacques Rousseau en 1755 a raíz de un concurso propuesto por la Academia de Dijon, el cual consistía en responder a una determinada cuestión: "¿Cuál es el origen de la desigualdad entre los hombres, y si la misma está autorizada por la ley natural?" (2003, 277).

A razón de este interrogante, Jean Jacques comienza a desarrollar una concepción general del hombre, sobre su naturaleza, a fin de poder complacer los requisitos de esta tarea.

Con respecto a este punto, Moreau (1977) nos indica que "... Rousseau ... para entender si la desigualdad es algo o no conforme a la ley natural, debe elucidar la noción de naturaleza, considerando en particular la naturaleza humana. Vemos, pues, cómo la cuestión moral y política lleva a una investigación general acerca del hombre" (22).

Pero para poder reconocer la naturaleza original del hombre, él debe remontarse a un estado en el cual la especie humana nace a la vida, o sea el momento en el cual nuestro "Creador" nos trajo al mundo.

A este estado Rousseau lo va a llamar "estado de naturaleza", concepto muy utilizado por los contractualistas que buscaban explicar la génesis de la sociedad política. El estado de naturaleza es un estado hipotético que utilizó Rousseau para esclarecer la naturaleza de las cosas y no para determinar el verdadero momento inicial de la especie humana (2003, 281).

A razón de esto, Moreau nos señala que "... el estado de naturaleza es una hipótesis destinada a hacernos comprender el hombre actual, el hombre social, y no a representarnos los orígenes históricos de la humanidad" (1977, 26).

El hombre prototípico de este estado es configurado por Rousseau, no a través de la lectura de otros libros, sino por medio del conocimiento directo de la naturaleza, conocimiento que es considerado por él como verdadero:

"Oh, hombre ... He aquí tu historia tal como la he creído leer, no en los libros de tus semejantes que son mentirosos, sino en la naturaleza que no miente jamás. Todo lo que pertenezca a ella, será verdadero" (2003, 282).

Entonces Rousseau, para poder explicar las cualidades naturales del hombre, va a consultar directamente la fuente de la verdad, la naturaleza, la cual no es reconocida por el hombre civil dada la educación distorsiva que ha recibido en la sociedad.

Con respecto a esto Sonia Durand (1966) sostiene que "... para Rousseau, la naturaleza,... no se la comprende con el intelecto, sino con el sentimiento individual subjetivo ... Ese sentimiento místico de la naturaleza nos acerca a nosotros mismos; es por eso que para Rousseau la naturaleza es lo esencial del hombre, la verdadera interioridad humana" (25).

Este sentimiento de la verdadera interioridad que no ha sido pervertido por la vida social, es el que Rousseau experimentó y utilizó como fundamento para la configuración del hombre en el estado de naturaleza.[5]

De esta manera Jean Jacques pudo discernir en la naturaleza del hombre cuatro cualidades naturales: la facultad de elegir, de perfeccionarse, de auto-conservarse (amor de sí) y la piedad natural.[6]

---

[5]   Según Martial Guéroult (1972), Rousseau pudo constituir al hombre natural y al estado de naturaleza "dirigiéndose al sentimiento interior no adulterado, descartando todo lo adventicio y perverso que ha podido introducir la vida social, escuchando la voz de la pura conciencia, que es la voz de la misma naturaleza" (149).

[6]   Según Harold Höffding (1931) "Rousseau llegó al *concepto psicológico de la naturaleza* por medio de la observación de sí mismo. En esto, ... se sume en las percepciones de la vida espontánea del alma humana, para encontrar, por este camino, las fuerzas e impulsos fundamentales del hombre" (126).

La primera facultad consiste en que el hombre por naturaleza es un "agente libre", o sea que elige o rechaza por un acto de libertad, a diferencia del animal que elige o rechaza por instinto (Rousseau 2003, 293).

Esto no quiere decir que el hombre no posea instinto, sino que el hombre al recibir las directrices del mismo decide si seguirlo o no. Según Rousseau, "el hombre ... se reconoce libre de aceptar o de resistir; y en la conciencia de la libertad se muestra, sobre todo, la espiritualidad de su alma ..." (2003, 294).

La segunda cualidad que posee el hombre es la de perfeccionarse, "... facultad que, con la ayuda de las circunstancias, desarrolla sucesivamente todas las demás y entre nosotros reside tanto en la especie como en el individuo" (Rousseau 2003, 295).

Esta última facultad es la que va llevando al hombre por la senda del progreso y la evolución, despertando aquellas potencialidades que están latentes en el hombre y que no son las primeras expresiones de la naturaleza.

Cabe destacar que el progreso puede seguir una dirección negativa, a pesar de su notable connotación positiva, si el desenvolvimiento de la especie humana no se realiza en armonía con la naturaleza. De este modo, el desarrollo de las luces puede condicionar fuertemente la expresión del instinto natural provocando severos conflictos entre los humanos.[7]

A razón de esto, Rousseau nos dice que "... esta facultad distintiva y casi ilimitada es el origen de todas las desgracias del hombre; que es la que lo saca, a fuerza de tiempo, de esa condición originaria en la cual transcurrían días tranquilos e inocentes; que es la que haciendo nacer con los siglos sus luces y sus errores, sus vicios y virtudes, lo vuelve a la larga el tirano de sí mismo y de la naturaleza" (2003, 295).

---

[7] Cabe mencionar que en el *Emilio* (1985) al educando se le brinda una educación acorde con la naturaleza, a fin de que sus luces no ofusquen la libre manifestación de la bondadosa naturaleza. De esta manera no se generan contradicciones internas entre el instinto y la razón, que luego se traducen en conflictos con el afuera.

Este tema va a ser abordado más adelante en el capítulo 2.

Para Rousseau parecería que la razón de la corrupción de la raza humana se debe exclusivamente a la presencia de esta facultad natural, tal como nos relata Robert Wokler (1995) en su libro sobre Rousseau:[8]

"Mientras se habían vuelto gradualmente menos dependientes de la Naturaleza, los hombres salvajes de igual manera se habían vuelto crecientemente dependientes entre sí, con la perfectibilidad original de cada persona ejercitada de tal forma que entraba en conflicto con su libertad natural, siguiendo sus elecciones en sociedad para convertirse en esclava de nuevas compulsiones que se autoimponía" (47).[i]

Igualmente, el ginebrino en otras obras va a reconocer que según las luces se desarrollen de acuerdo con la naturaleza o no, el perfeccionamiento puede engendrar un estado de cosas mejor o peor que el estado de naturaleza original.[9]

La tercera cualidad natural es el amor de sí, la cual "... interesa ardientemente a nuestro bienestar y a la conservación de nosotros mismos ..." (Rousseau 2003, 274).

De esta manera el hombre salvaje busca satisfacer sus necesidades físicas siguiendo este principio que es anterior a la razón.

Por otra parte, esta inclinación natural se ve atemperada por la presencia de otra cualidad, la cual evita que este principio por sí solo conduzca al hombre a cometer atrocidades hacia sus semejantes. Esta última cualidad natural es la piedad, la cual "... nos inspira una repugnancia natural de ver perecer o sufrir a todo ser sensible, y principalmente a nuestros semejantes"

---

[8] Todas las citas que tengan una referencia en números romanos han sido traducidas del inglés al castellano por el autor de este libro para preservar la lectura de toda la obra en idioma español. Si se desea leer el texto en el idioma original, el mismo se puede encontrar en la sección "Citas en inglés" de este ensayo.

[9] En el *Emilio* Rousseau establece que la educación moral que reciba el educando sea acorde con la naturaleza a fin de que el amor de sí se expanda hacia toda la especie humana. Este estado de amor universal es mejor que el inicial estado de naturaleza.

(Rousseau 2003, 274). Gracias a la presencia de esta facultad el hombre no va a tender a lastimar o perjudicar a otro ser sensible, a menos que su propia conservación esté en peligro.

De acuerdo con esto, Michéle Duchet (1984) nos indica que "... el papel que desempeña la piedad natural consiste en asegurar, en contra del amor de sí, la conservación de la especie y la supervivencia de los más débiles, en el estado de aislamiento y errabundez que excluye todo reconocimiento del otro como semejante, y por consiguiente, toda 'afección social'" (293).[10]

Esta disposición no mantiene al hombre pasivo ante la observación de un semejante sufriendo, si no que "... lo lleva sin pensarlo en auxilio de quienes vemos sufrir; ella es la que en el estado de naturaleza reemplaza a la ley, las costumbres y la virtud, con la ventaja de que nadie está tentado de desobedecer su dulce voz" (Rousseau 2003, 313-4).

Entre los salvajes no existe relación moral alguna, todos viven dispersos en los bosques sin tener comunicación entre sí. La razón en este estado no está desarrollada y, por ende, el lenguaje no es una característica del hombre salvaje. Según Moreau "... el hombre natural no posee la razón más que en potencia, y no se desarrolla mientras no tiene la oportunidad de ejercerse; y estas oportunidades sólo aparecen en la vida social" (1977, 33).

Entonces no hay espacio para las ideas del bien y del mal en el estado de naturaleza, y por esta razón no se puede decir equivocadamente que el hombre es malo por naturaleza porque "... no sabe lo que es ser bueno; pues no es ni el desarrollo de las luces, ni el freno de la ley, sino la calma de las pasiones y la ignorancia del vicio lo que les impide actuar mal ..." (Rousseau 2003, 311).

A raíz de esto, Jean Starobinski (1983) nos dice que "el hombre de la naturaleza vive 'inocentemente' en un mundo amoral o premoral. Por lo tanto no se da un verdadero acuerdo entre el hecho y el derecho: aún no ha surgido el conflicto entre ambos" (37).

---

[10] Esta afección social que menciona Duchet nace en el estado civil a través del "reconocimiento del otro como semejante".

Siendo este el argumento que esgrime Rousseau en contra de otros contractualistas, como Hobbes, también sostiene que de la piedad natural derivan todas las demás virtudes sociales (2003, 312).

Por otra parte, en el estado de naturaleza el hombre vive dentro de sí, "su alma ... se abandona al sólo sentimiento de su existencia actual, sin ninguna idea del porvenir por más próximo que pueda ser ..." (Rousseau 2003, 297).

Este hombre es libre e independiente del resto de sus semejantes, anda errabundo por los bosques y no necesita ayuda de los demás para poder satisfacer sus propios deseos, los cuales no superan sus necesidades físicas. A razón de esto, los bienes que desea son los que conoce, y éstos son "... el alimento, una hembra y el descanso; los únicos males a los que teme son el dolor y el hambre" (Rousseau 2003, 296).

Después de haber hecho una breve descripción del estado de naturaleza y del hombre arquetípico de éste, vamos a pasar al estado en el cual ya el hombre ha desarrollado la razón lo suficiente como para establecer diferencias y similitudes entre los mismos de su especie; el lenguaje se ha formado y trasmitido de familia en familia, y éstas a raíz de compartir el mismo lenguaje pudieron intercambiar ideas con mayor frecuencia.[11]

A razón de esto llegamos a un estado en el cual existe una comunidad de familias, en la cual los vínculos se extienden y los lazos se estrechan entre los habitantes de la misma.

Las ideas y los sentimientos se van sucediendo, y las predisposiciones naturales, sin reconocimiento alguno por parte de las luces, van a perder el espacio predominante que sí ocupaban en el estado original del hombre, y así las "circunstancias históricas accidentales" van a conducir al hombre hacia la desigualdad y la maldad, tal como nos señala Leonard Sorenson (1990) en su texto:

---

[11] Todas estas facultades artificiales que fue adquiriendo el hombre no se podrían haber desarrollado sin el "concurso fortuito de diferentes causas externas" (Rousseau 2003, 321).

"La desigualdad es causada por las relaciones humanas... pero todas las relaciones e incluso la mayoría de, sino todas, las capacidades humanas son productos artificiales de las circunstancias históricas accidentales. La raíz de todo mal, la desigualdad, tiene su fuente en una historia accidental que separó al hombre de la naturaleza" (764).[ii]

Es así como por diversas circunstancias históricas se va a gestar una idea que desencadenará todo un gran movimiento que exacerbará las desigualdades entre los hombres, desigualdades que van a afectar el modo como los seres humanos se relacionan y se cristalizarán con el establecimiento de distintas instituciones.[12]

La idea de consideración y su consecuencia alienante

Para Rousseau la idea de consideración fue la primera fuente de la desigualdad entre los hombres y además la generadora de vicios que condujeron a la especie a un conflicto que todavía no ha llegado a su fin.

Según Jean Jacques, la explicación del surgimiento de esta idea es la siguiente:

"... el canto y la danza ... llegaron a ser la diversión o, más bien, la ocupación de los hombres y mujeres ociosos y agrupados. Cada uno comenzó a mirar a los demás y a querer ser mirado, y la estimación pública tuvo un precio. Quien cantaba o bailaba mejor, el más hermoso, el más fuerte, el más diestro o el más elocuente llegó a ser el más considerado y esté fue el primer paso hacia la desigualdad y al mismo tiempo hacia el vicio ..." (Rousseau 2003, 332).

---

[12] Rousseau al principio del *Segundo Discurso* nos indica que existen "dos clases de desigualdades, una que llama natural o física, porque es establecida por la naturaleza, y consiste en la diferencia de edades, de salud, de fuerzas corporales y de cualidades del espíritu o del alma. La otra que se puede llamar desigualdad moral o política, porque depende de una suerte de convención y porque es establecida, o por lo menos autorizada por el consentimiento de los hombres" (2003, 279).

De esta forma "cada uno comenzó a mirar a los demás" y a vivir fuera de sí mismo, buscando la consideración de los demás. A razón de esto, el hombre pasó de tener una existencia absoluta a tener una existencia relativa, donde la opinión de los demás comenzó a jugar un rol determinante en el comportamiento del hombre; llegando a alterar el estado de amor de sí, tal como nos indica Joseph Moreau (1977) a continuación:

"Es por efecto de la opinión que el amor de sí, el egoísmo natural e inocente, se convierte en amor propio, principio de la ambición y de todas las rivalidades sociales" (44).

De este modo el amor de sí, que implicaba vivir dentro de sí, pasó a ser un amor propio, en tanto que éste no solamente busca la auto-conservación sino también la preferencia de los demás hacia uno mismo.

Siguiendo el razonamiento de Rousseau, "... de estas primeras preferencias nacieron por un lado la vanidad y el desprecio, por el otro, la vergüenza y la envidia; y la fermentación provocada por estas nuevas levaduras produjo finalmente compuestos funestos para la felicidad y la inocencia" (2003, 332).

Todos estos vicios son resultado del amor propio que se fue desarrollando cada vez más e hizo al ser humano esclavo de la estima pública, lo cual nos aclara García Huidobro (1997) en su ensayo sobre el *Segundo Discurso*:

"El hombre que mide sus actos por la opinión ajena ciertamente está alienado, vive fuera de sí ... En el origen de esta cultura ... está la pasión del amor propio, que sólo se siente seguro cuando sobresale respecto de los demás" (75).

Esta esclavitud radica en el valor tan elevado que le dio el hombre a la opinión ajena; valor que le asignó gracias a la idea de consideración que se implantó en su mente.

Siguiendo esta lógica, el hombre va a hacer lo posible para que la estima pública lo prefiera, es decir, va a tratar de ser superior o mejor en algún aspecto con respecto a sus semejantes. De esta manera el hombre trata de que la comparación resulte favorable para sí, de modo que si es necesario ser atractivo ante la estima pública, éste lo va a aparentar, aunque en realidad no lo sea. Según Rousseau, "fue necesario en pro de la superioridad mostrarse distinto de lo que efectivamente se era. Ser y parecer llegaron a ser dos cosas por completo diferentes ..." (2003, 339).

Habiendo adoptado esta filosofía de vida, el hombre vive siempre fuera de sí mismo, buscando la preferencia de los demás para sentirse bien consigo mismo y ser feliz.[13] Esta felicidad es la que desea el individuo, una vez que ya se ha adoptado un modo de vida alienante, que hace necesario el sacrificio de la libertad y la independencia a fin de alcanzar una posición relativamente superior a los demás. Rousseau nos explica esto del siguiente modo:

"... he aquí el hombre, que antes era libre e independiente, sujetado por muchas necesidades nuevas,... y sobre todo a sus semejantes de quienes se vuelve en cierto sentido esclavo..." (2003, 339).

El gran problema llega a la raza humana cuando la búsqueda de superioridad se extiende a la cantidad de bienes que uno posee, de manera tal que es más considerado el que tiene más fortuna que el que tiene menos.

La adquisición de bienes ya no se realiza para satisfacer las necesidades básicas, sino que se realiza por una "ambición devoradora" inspirada por la

---

[13] Cabe destacar que la felicidad que busca el hombre alienado no es una felicidad verdadera y constante, sino que es falsa y efímera. La primera procede de sentirnos a nosotros mismos, es una dicha que proviene de adentro de nuestro ser, siendo nuestra esencia una fuente inagotable de felicidad. La segunda procede de la evaluación de los demás hacia nuestra persona, es una sensación de gozo muy limitado que se genera al estar pendiente del afuera. El hombre que vive en esta situación alienante no es feliz, ya que la felicidad proviene del contacto con nuestra esencia, y necesariamente para lograrla hay que mirar hacia adentro y no hacia fuera.
Lo que el hombre alienado llama felicidad es en realidad un placer muy limitado, y no tiene comparación con la dicha que uno siente al estar en contacto con su naturaleza. Este tema va a ser abordado en profundidad en la sección de "la religión natural" en el capítulo 2, y también va a ser tratado en la segunda sección del capítulo 3.

sed de superioridad. Según Rousseau, "... la ambición devoradora, el ardor de aumentar la fortuna relativa, menos por una necesidad verdadera que por superar a los demás, inspira a todos los hombres una negra tendencia a perjudicarse mutuamente ..." (2003, 339-340).

De esta forma el hombre, siguiendo la inclinación del amor propio, busca en el afuera la fuente de su felicidad, la cual llega con la sensación de superioridad que se logra teniendo, o aparentando poseer, diversas cosas que son muy estimadas por la opinión ajena.

Con respecto al dinero, las desigualdades de fortuna, que se generaron a raíz de que algunos hombres buscaban más a expensas de otros, se cristalizaron una vez que se forjó la institución de la propiedad.

Con esta norma se estableció una nueva distinción que produjo dos clases de individuos dentro de la especie: ricos y pobres. Entre estas dos clases se originaron severos conflictos y Rousseau lo sintetiza del siguiente modo:

"En una palabra, competencia y rivalidad, por una parte, por la otra oposición de intereses, y siempre el deseo oculto de lograr provecho a expensas de los demás. Todos esos males son el primer efecto de la propiedad y el cortejo inseparable de la desigualdad naciente" (2003, 340).

De esta forma, las rivalidades se fueron sucediendo y los ricos continuaban incrementando sus fortunas a expensas del resto de los hombres, los cuales siendo pobres ni siquiera llegaban a satisfacer las necesidades mínimas e indispensables. Así algunos individuos luchaban por la fortuna relativa y otros luchaban por la subsistencia. La fortuna pronto forjó una relación inseparable con el poder, y fue la ambición de poder y dominio también lo que condujo al conflicto y a la opresión.

Las luchas por los bienes se fueron sucediendo, y "entre el derecho del más fuerte y el derecho del primer ocupante surgió un conflicto perpetuo que tan sólo terminó en luchas y muertes" (Rousseau 2003, 341).

Este estado de conflicto constante generó efectos perjudiciales para todos, pero los más afectados por esta situación fueron los que tenían, además de la vida, bienes que perder.

Estos eran los ricos que, sabiendo cuán perjudicial era esta situación para ellos, al no poder afirmar sus derechos de propiedad más que por la fuerza, pudieron gestar un proyecto que garantizaría la seguridad de ellos y la de sus bienes a través del establecimiento de ciertas instituciones:

"... el rico presionado por la necesidad, concibió finalmente el proyecto más reflexivo que haya penetrado nunca en el espíritu humano: el de emplear en su favor las mismas fuerzas de quienes lo atacaban, de hacer de sus adversarios sus defensores, de inspirarles otras máximas y de darles otras instituciones que le resultaran a él tan favorables cuanto el derecho natural le era contrario" (2003, 342).

De esta manera, los ricos lograron revertir para siempre esta situación de guerra constante, y forjaron un sistema de normas que a vistas del vulgo resultaba benéfico cuando en realidad los iba a sumir de por vida en la esclavitud y en la miseria.[14]

Esta nueva sociedad política que se constituyó siguiendo la dirección de los ricos fue la que logró establecer la paz entre los individuos que participaron de la misma, pero también fue la que engendró una enorme cantidad de consecuencias negativas que Rousseau nos describe de manera muy precisa:

---

[14] El discurso político que desplegaron los ricos para convencer al resto de la población decía: "Unámonos ... para proteger de la opresión a los débiles, contener a los ambiciosos y asegurar a cada uno la posesión de lo que le pertenece. Instituyamos reglamentos de justicia y de paz a los cuales todos estén obligados a conformarse, que no tomen en consideración a nadie y que reparen en cierto modo los caprichos de la suerte al someter igualmente al poderoso y al débil a deberes recíprocos. En una palabra, en lugar de dirigir nuestras fuerzas contra nosotros mismos, unámoslas en un poder supremo que nos gobierne según leyes sabias, que defienda y proteja a todos los miembros de la asociación, rechace a los enemigos comunes y nos mantenga en una concordia eterna" (Rousseau 2003, 343).

"Tal fue o debió de ser el origen de la sociedad y de las leyes que dieron nuevas trabas al débil y nuevas fuerzas al rico, destruyeron sin retorno la libertad natural, fijaron para siempre la ley de la propiedad y de la desigualdad, hicieron de una usurpación un derecho irrevocable, y para provecho de algunos ambiciosos sometieron en adelante a todo el género humano al trabajo, a la servidumbre y a la miseria" (2003, 344).

Con esta clase de instituciones políticas se consagraron para siempre las desigualdades entre poderosos y débiles, las cuales se habrían de sumar a la de ricos y pobres.

Pensar que toda esta búsqueda desmedida de riqueza y poder fue ocasionada por la idea de consideración que produjo el terrible resultado alienante en las personas que la adoptaron, y deformó lo que la tendencia natural, favorablemente, dictaminaba para el hombre.

La alienación del hombre, que se manifiesta en esa búsqueda insensata de la felicidad en el afuera, ha conducido al mismo a competir y disputar con sus semejantes para lograr aquellas diferencias que lo puedan posicionar mejor frente al examen de la opinión de los demás.

Pero para empeorar la situación del hombre, las guerras que se disputaban entre individuos se trasladaron a los distintos cuerpos políticos que se habían constituido, dado que entre éstos se vivía un estado de relación semejante al que vivieron los hombres antes de aceptar el proyecto político de los ricos, que en palabras de Rousseau se expresa de la siguiente forma:

"Los cuerpos políticos, al quedar entre ellos en estado de naturaleza, sintieron pronto los inconvenientes que habían obligado a los particulares a salir de él... De allí salieron las guerras nacionales, las batallas, las muertes, las represalias que hacen estremecer a la naturaleza y chocan a la razón, y todos estos prejuicios horribles que ubican dentro de las virtudes el honor de derramar la sangre humana" (2003, 345).

Vemos que la institución del dominio fue la segunda revolución que se dio y la que generó los diversos cuerpos políticos, que entre sí siguieron una lógica de estado de naturaleza hobbesiano, es decir, de rivalidad constante.

Con el paso del tiempo, el dominio que ejercían los funcionarios se perpetuó e hicieron del Estado su propiedad y comenzaron a disponer de la vida y libertad de los ciudadanos, consagrando de esta forma un poder arbitrario que esclavizó al hombre y lo redujo a vivir una existencia miserable, tal como nos describe Rousseau a continuación:

"… los jefes llegados a ser hereditarios se acostumbraron a considerar su magistratura como un bien de familia, a verse ellos mismos como los propietarios del Estado del cual no eran en un principio sino funcionarios, a llamar a sus conciudadanos sus esclavos, a contarlos como ganado entre las cosas que le pertenecían y a llamarse ellos mismos iguales a los dioses y reyes de Reyes" (2003, 356).

De esta manera, en la especie humana se desarrollaron tres clases distintas de desigualdad con el transcurrir del tiempo, marcando tres épocas distintas, como bien señala Rousseau:

"… el estado de rico y de pobre fue autorizado por la primera época, el de poderoso y débil por la segunda y por la tercera el de amo y esclavo que es el último grado de la desigualdad y el término al cual conducen finalmente todos los demás, hasta que nuevas revoluciones disuelvan por completo el gobierno o lo aproximen a la institución legítima" (2003, 357).

Estas son todas las antinomias que se gestaron a raíz de que se implantó la idea de consideración y el hombre comenzó a buscar la preferencia de los demás (amor propio) y, por ende, la superioridad.

De esta forma, el hombre ha pasado desde el estado de naturaleza por una innumerable cantidad de estados intermedios hasta llegar al estado civil, a raíz de lo cual Rousseau señala que "… todo lector atento no podrá menos de asombrarse ante el espacio inmenso que separa esos dos estados" (2003, 363).

En resumen, las desigualdades que señala Rousseau, y que son las medidas que utiliza principalmente el hombre de sociedad para compararse, son "… la riqueza, la nobleza o el rango, el poder y el mérito personal …" (2003, 359).

Siendo éstas las medidas más importantes que utiliza el hombre en este juego de superioridad e inferioridad, es indispensable señalar que la única razón de que hayan generado severos conflictos entre los hombres se debe a la dependencia horrenda que padece éste ante los dictámenes de la estima pública.

Esta forma de vida alienante que ve Rousseau en la sociedad no le agrada en absoluto, y este evidente desagrado lo manifiesta de la siguiente manera:

"Mostraría que es a este afán por hacer hablar de sí, a este furor de distinguirse que nos tiene casi siempre fuera de nosotros mismos, al que debemos lo que hay de mejor y de peor entre los hombres, nuestras virtudes y nuestros vicios, nuestras ciencias y nuestros errores, nuestros conquistadores y nuestros filósofos, es decir muchas cosas malas sobre un número pequeño de buenas" (2003, 359).

Este amor propio que no propicia la unión de todos los seres humanos, sino que nos separa y nos pone a competir entre nosotros por lograr alcanzar una falsa sensación de superioridad, fue la fuente de todo el mal que ha generado enormes desigualdades económicas y de poder.

Es esta psicología del amor propio la que ha hecho posible que cada hombre intente ser feliz a costa de la miseria de los demás, lo cual nos ilustra bien Rousseau en este fragmento:

"Probaría finalmente que si se ve un puñado de poderosos y de ricos en la cumbre de la grandeza y de la fortuna, mientras que la muchedumbre se arrastra en la oscuridad y la miseria, es porque los primeros tan sólo aprecian las cosas que poseen en la medida en que los demás están privados de ellas, y que, sin cambiar de estado dejarían de ser felices, si el pueblo dejara de ser miserable" (2003, 359-360).

Así la felicidad proviene de percibir a otros por debajo nuestro y, por ende, sentirnos superiores, desarrollando en nosotros ciertos vicios como la vanidad y el desprecio, y en el otro la vergüenza y la envidia.

Hombre salvaje vs hombre civil

Después de la breve descripción que se hizo sobre la vida alienante del hombre civil, sería útil contrastar a éste con el hombre salvaje, a fin de medir cuán diferente son los dos arquetipos y de este modo indicar el grado de corrupción que ha alcanzado el hombre de sociedad.[15]

Rousseau nos muestra cuán alejado está el hombre civil de la naturaleza y esto lo afirma diciendo lo siguiente:

"... desvaneciéndose gradualmente el hombre original, la sociedad no ofrece a los ojos del sabio más que un conjunto de hombres artificiales y de pasiones fingidas que son obra de todas esas nuevas relaciones, y no tienen ningún fundamento verdadero en la naturaleza" (2003, 363).

Así afirma Rousseau que la verdad se desvanece y la mentira cobra más presencia en todas esas relaciones alienantes que el hombre ha forjado en convivencia con sus semejantes, mentiras que surgen por la necesidad de aparentar algo que no se es para ser apreciado positivamente por la estima pública.

Esta necesidad que tiene el hombre civil de obtener el reconocimiento ajeno ha marcado una tajante diferencia en cuanto a la concepción de felicidad que guía el comportamiento del primero con respecto al hombre salvaje, lo cual Rousseau nos lo dice del siguiente modo:

"El hombre salvaje y el hombre civilizado difieren de tal modo en lo íntimo de su corazón y de sus inclinaciones que lo que significa la felicidad suprema de uno, reduciría al otro a la desesperación" (2003, 363).

La vida del hombre en el estado de naturaleza es de pura libertad e independencia, siendo para éste un sacrilegio perder su libertad a costa de

---

[15] En nuestra opinión, se puede mencionar que la forma de vida alienante que describe Rousseau apelando al hombre civil de su época se aplica perfectamente al hombre civil contemporáneo.

vivir en la dependencia y en la esclavitud que sin ninguna objeción acepta el hombre civilizado para alcanzar reputación sirviendo a "grandes y a ricos".

Rousseau señala que para que el salvaje entendiera esa aberrante forma de vida "... sería preciso que las palabras *poder* y *reputación* significaran algo para su espíritu, que él aprendiera que una clase de hombres toman en cuenta las miradas del resto del universo, que pueden estar dichosos y contentos de ellos mismos por el testimonio de otros más que por el propio" (2003, 364).

De esta forma, el desarrollo de las luces no ha producido un mejoramiento de la especie humana, sino que ésta se ha corrompido a raíz de que comenzó a darle importancia al testimonio de los demás en vez del propio. Esta alienación que se produjo en el individuo fue la causa de su corrupción y de lo que lo diferenció fundamentalmente del hombre salvaje, tal como lo describe Rousseau a continuación:

"Tal es, en efecto, la verdadera causa de todas las diferencias: el salvaje vive en él mismo, el hombre sociable, siempre fuera de él, no puede vivir sino en la opinión de los demás y, por así decirlo, obtiene el sentimiento de su propia existencia del sólo juicio de ellos" (2003, 364).

De esta manera, "la verdadera causa de todas las diferencias" es la alienación, la cual no condujo al hombre hacia una forma de vida más igualitaria que la que se vivía en el estado de naturaleza, sino que lo llevó al hombre a vivir una creciente desigualdad inducida por este modo de vida alienante que impone la sociedad y socava la presencia de la naturaleza, tal como nos indica Rousseau a continuación:

"Me basta haber probado que no es ése el estado original del hombre y que el sólo espíritu de la sociedad y la desigualdad que ella engendra son los que cambian y alteran así todas nuestras instituciones naturales" (2003, 365).

Siguiendo este argumento, el proceso de socialización no tendría efectos positivos sobre el hombre, sino que instaura en su psicología un dispositivo comportamental que lo hace comparar y competir con los demás para lograr la preferencia del público que lo observa y evalúa; y así alcanzar una superioridad que no es superioridad, y una felicidad que no es felicidad.[16]

Esta falsa felicidad que se busca se debe en gran medida a que "el yo del hombre social ya no se reconoce en sí mismo, sino que se busca en el exterior, entre las cosas; sus medios se convierten en su fin. El hombre en su totalidad se convierte en cosa o en esclavo de las cosas ... La crítica de Rousseau denuncia esta alienación ..." (Starobinski 1983, 36).

De esta forma, el estado de naturaleza es valorado positivamente por el ginebrino pero es imposible volver allí, si es que alguna vez existió, y el estado civil es valorado negativamente (Todorov 1986, 87) puesto que el hombre en este estado se encuentra alejado de su naturaleza y sumergido en las desigualdades superficiales. El primer estado es ideal y el segundo estado es real, y por eso mismo es necesario buscar la manera de reformar esa realidad social que no se adecua a nuestra naturaleza. Esto no quiere decir que se pretende volver al estado de naturaleza, sino que hay que buscar la manera de reconciliar la naturaleza del hombre con la realidad social.

Este objetivo es el que pretende alcanzar Rousseau en su *Emilio*, por medio de un proyecto ético/pedagógico que concilie estos dos factores, naturaleza y sociedad, aparentemente contradictorios.

---

[16] Este último comentario tiene sentido una vez que se comprende la visión de Rousseau sobre la naturaleza del hombre, la cual es "igual" entre todos y generadora de "felicidad".

Capítulo 2. Recuperación de sí en el *Emilio*

<u>La no alienación como fin de la educación en el *Emilio*</u>

En el *Emilio*, Rousseau va a intentar desarrollar una fórmula educativa cuya finalidad va a ser evitar que el hombre sea alienado una vez que se haya insertado en la vida social.[17]

Dent (1992) sintetiza cuál es el tema de discusión en el *Emilio*:

"… en *Emilio* encontramos … una discusión exhaustiva sobre la forma en que un individuo puede encontrar, o hacer, un lugar para sí mismo en sociedad sin sufrir la alienación o la corrupción personal y el sufrimiento que esto acarrea"(106).[iii]

De esta manera, la alienación que lleva al hombre a vivir fuera de sí mismo, y a depender de las opiniones ajenas, es la que lo corrompe y lo conduce a vivir una vida miserable.

Pero esta corrupción se puede evitar si al individuo se lo educa para que sepa "vivir" en armonía con su naturaleza y, de este modo, sea genuinamente un hombre, tal como Rousseau espera de su discípulo:

"Vivir es el oficio que yo quiero enseñarle; saliendo de mis manos él no será, convengo en ello, ni magistrado, ni soldado, ni sacerdote; será primeramente hombre: todo lo que este hombre debe ser y sabrá serlo en la necesidad tan bien como precise; y cuando la fortuna tenga a bien hacerle cambiar de lugar, el permanecerá siempre en el suyo" (1985, 41).

Este objetivo de enseñar a "vivir" que se plantea Rousseau con respecto al educando, lo va a llevar a diseñar un modelo educativo basado en tres

---

[17] En esta obra el protagonista es un alumno imaginario cuyo nombre es Emilio, el cual es educado por Rousseau quien se ha convertido en un preceptor también imaginario.

fuentes distintas a partir de las cuales se lograría un desarrollo integral del hombre.

Con respecto a esto, Rousseau va a mencionar tres tipos de educación que contribuyen al desarrollo del Emilio y provienen de distintos orígenes:

"El desarrollo interno de nuestras facultades y de nuestros órganos es la educación de la naturaleza; el uso que se nos enseña a hacer de este desarrollo es la educación de los hombres; y la adquisición de nuestra propia experiencia sobre los objetos que nos afectan es la educación de las cosas" (1985, 36).

De acuerdo con esta explicación, hay que agregar que si los tres tipos de educación están en consonancia van a dar por resultado un hombre bien educado, y si no lo están van a dar por resultado un hombre mal educado. Así, las contradicciones que se puedan presentar entre los diversos tipos de educación van a ser los indicadores de la presencia de un proyecto de mala educación, y por otra parte la ausencia de estas contradicciones va a indicar la existencia de un proyecto de buena educación.

De este modo, las tres educaciones tienen que confluir en una dirección común a fin de que no haya contradicciones entre las lecciones impartidas por las mismas. Dado que la dirección que sigue la naturaleza en su desarrollo no depende del hombre, se tiene que orientar la educación de los hombres y de las cosas de modo tal que sigan la misma inclinación que marca la educación de la naturaleza. La razón de esto se debe a que la educación de la naturaleza presenta una sola dirección que no se puede manipular, en cambio la educación de los hombres y de las cosas sí se puede manipular en alguna medida, y a fin de lograr que haya armonía entre los tres tipos de educación se tendrá entonces que subordinar la educación de los hombres y de las cosas a la de la naturaleza.

De acuerdo con este razonamiento, queda claro que para Rousseau el objetivo de la educación "es el de la misma naturaleza... Puesto que el concurso de las tres educaciones es necesario ..., es respecto a aquella en la que nada podemos, sobre la que es preciso dirigir las otras dos" (1985, 37).

Entonces, la naturaleza va a ser la encargada de guiar la educación del Emilio, la cual sólo consiste en un "hábito" (Rousseau 1985, 37).[18]

La naturaleza es también un hábito y lo que se busca es que la misma se encuentre en conformidad con los hábitos que impone la educación. De este modo, la "educación es el arte de formar a los hombres mediante la adquisición de hábitos conformes con la naturaleza" (Durand 1966, 88).

Siguiendo este razonamiento, si no hubiera conformidad entre nuestra inclinación interna y aquella que nos viene dada desde afuera, sufriríamos una contradicción en nuestro quehacer generada por dos disposiciones distintas y contrarias, tal como nos indica Rousseau a continuación:

"... Llevados por la naturaleza y por los hombres por rutas contrarias, forzados a dividirnos entre diversos impulsos, ... luchamos y flotamos durante todo el curso de nuestra vida y la terminamos sin habernos puesto de acuerdo con nosotros mismos, y sin haber sido buenos ni para nosotros ni para los demás" (1985, 40).

De este modo, Rousseau afirma la necesidad de armonizar los hábitos del hombre con su naturaleza a fin de evitar contradicciones que lo perjudiquen y que no le permiten ser bueno consigo mismo y con los demás, tal como le dicta su esencia bondadosa.

Esta bondad natural, innata, es la que se quiere preservar de la influencia maligna del entorno que impregna de sentimientos negativos y contamina el corazón del individuo, tal como nos indica Dent a continuación:

"La agresión, la malicia, el rencor y la envidia son extraños al corazón humano impoluto cuando éste deja las manos de su creador. Estas disposiciones malignas ingresan solo porque otras personas pervierten y destruyen la natural inocencia e integridad del individuo" (1992, 174).[iv]

---

[18]   Según Sonia Durand (1966) "... hábito es, para Rousseau, el estar habituado a algo, estar acostumbrado. En general, éste es el sentido que se le daba a la palabra en el siglo XVIII" (87).

A razón de esto, Rousseau quiere proteger y desarrollar en el educando la bondad inherente a su naturaleza y para esto va a adoptar un tipo de educación llamada "negativa" que "... no aspira a otra cosa que no sea preservar al niño del vicio y del error" (Tello 1975, 109).

Esta educación va a ser implementada en los primeros años de vida de Emilio a fin de que se permita a la naturaleza seguir su curso sin interrupción alguna por parte del entorno que afecta al niño. Entonces la tarea del educador va a consistir, al principio, en proteger a su discípulo de los estímulos contaminantes del medio.

Según Moreau, "todo el papel de la educación se reduce ... en esta fase de desarrollo a proporcionarle lecciones de experiencia y a preservarle de las influencias que pudieran pervertirle" (1977, 43).[19]

Esta fase de la educación finaliza cuando el educando ha alcanzado la edad del juicio, que sucede en la adolescencia, y a partir de ese momento se produce el nacimiento de la moralidad y de la segunda fase de la educación, que en palabras de Rousseau se expresa del siguiente modo:

"En tanto que su sensibilidad quede reducida al individuo, no existe nada moral en sus acciones; sólo es cuando ella comienza a salir fuera de él cuando adquiere primero los sentimientos, y luego las nociones del bien y del mal, que le constituyen verdaderamente hombre y parte integrante de su especie" (1985, 251).[20]

De acuerdo con esto, Tzvetan Todorov (1986) nos habla sobre la primera y la segunda fase de la educación, en cuanto a los objetivos esperados:

---

[19]   Con respecto a las "lecciones de experiencia" que se le proporcionan al educando, Rousseau nos aclara que "... la verdadera educación consiste menos en preceptos que en ejercicios" (1985, 41).

[20]   Cabe destacar que el disparador de esta sensibilidad hacia el exterior es la imaginación dado que "... el niño, no imaginando lo que sienten los demás, no conoce otros males que los suyos: pero cuando el primer desenvolvimiento de sus sentidos enciende en él el fuego de la imaginación, comienza a sentirse en sus semejantes ..." (Rousseau 1985, 254).

"El objetivo de la primera es favorecer el desarrollo del 'hombre natural' en nosotros; el de la segunda, adaptarnos a la vida con los demás seres humanos. Durante la primera fase, Emilio aprenderá 'todo lo que se relaciona consigo mismo'; durante la segunda, conocerá las 'relaciones' e irá adquiriendo las 'virtudes sociales'" (93).[21]

En la primera etapa se establecen las condiciones de enseñanza que guíen al educando por la senda del auto-conocimiento, y en la segunda se establecen las condiciones para que el mismo sepa cómo relacionarse con los demás individuos y no sea alienado por la influencia corruptora de los mismos que han sido educados por la sociedad.

De esta forma, la educación negativa debe dar espacio a otro tipo de educación que combine las inclinaciones naturales con la razón, tal como nos ilustra Moreau a continuación:

"Para resistir a la perversión del medio social, a una educación negativa debe suceder otra que recurra únicamente a la razón y a la naturaleza; no recurrirá, pues, a la autoridad, al prestigio de una opinión privilegiada, sino a los sentimientos naturales y al progreso del espíritu. Rousseau quiere que su discípulo pase de la inocencia natural, artificialmente preservada, a la autonomía racional ..." (1977, 45).

Con respecto a esto, Rousseau intenta que Emilio "... sepa que el hombre es naturalmente bueno, que comprenda, que juzgue a su prójimo por sí mismo; pero que vea cómo la sociedad deprava y pervierte a los hombres ..." (1985, 271).

Debido a esto la educación que recibe el educando, previa a su entrada en sociedad, le permite percibir y notar lo infeliz que pueden hacerlo la vanidad y los placeres perecederos de la sociedad.

---

[21] Rousseau nos aclara en el *Emilio* que "el estudio conveniente al hombre es el de sus relaciones. En tanto que no se conoce sino por su ser físico, debe estudiarse por su relación con las cosas; éste es el empleo de su infancia; cuando él comienza a sentir su ser moral, debe estudiarse por su relación con los hombres: éste es el empleo de su vida entera ..." (1985, 244).

Esta infelicidad que Emilio reconoce se debe a que ve a los hombres tal cual son y de este modo no se deja engañar por las máscaras que recubren sus verdaderos rostros, y este conocimiento que le ha inculcado su instructor lo hace "... con el propósito de que los compadezca y de que no quiera parecerse a ellos" (Rousseau 1985, 271).

De esta forma se evitaría que el educando se transforme en uno de ellos, reconociendo su naturaleza y, por ende, la corrupción que aqueja al hombre de sociedad que no ha podido recibir una educación que le enseñara su naturaleza.

Rousseau reconoce que al educando se lo debe preparar para que pueda convivir en sociedad con sus semejantes, ya que no se puede esperar que el mismo viva marginado y separado de la vida social, idea que nos comunica Tzvetan Todorov (1986) en su texto sobre el ginebrino:

"Emilio ... no habrá aprendido a evitar la sociedad sino la sumisión servil a las opiniones corrientes, la necesidad de comportarse de acuerdo con las normas del mismo día si cambian sin cesar, la preocupación por el juicio que emitirá la gente sobre él ..." (94).

De esta forma, Rousseau no espera que su educando sea un hombre natural aislado de la vida social sino que su intención es que éste pueda insertarse en la misma haciendo un uso correcto de la razón, para poder protegerse del influjo alienante de la sociedad y así evitar la corrupción de su ser:

"Pero considerad primeramente que, queriendo formar al hombre de la naturaleza, no se trata de hacerle un salvaje y de relegarle al fondo de los bosques; sino procurar que al encerrarlo en el torbellino social no se deje arrastrar ni por las pasiones ni por las opiniones de los hombres; que él vea con sus ojos, que sienta con su corazón; que ninguna autoridad le gobierne fuera de su propia razón" (1985, 293).

A razón de esto, Rousseau quiere formar a Emilio para que conserve su naturaleza en sociedad por medio de un uso adecuado de la razón que le permita a éste ser moralmente independiente y autónomo con respecto a los juicios y las opiniones de los demás.[22]

De esta forma se espera que Emilio sea independiente con respecto a los dictámenes de la opinión pública y, a su vez, encare una relación solidaria con sus semejantes basada en la expansión de su naturaleza hacia todos los seres humanos, tal como nos dice Rousseau en su texto:

"Para excitar y mantener esta sensibilidad naciente, para guiarla o seguirla en su inclinación natural, ... ofrecer al joven objetos sobre los cuales pueda actuar la fuerza expansiva de su corazón, ... que la extiendan sobre los otros seres, ... es decir, excitar en él la bondad, la humanidad, la conmiseración, la caridad, todas las pasiones atrayentes y bondadosas..." (1985, 255).[23]

Así se establece la necesidad de que el educando sea guiado por su naturaleza en cuanto a la expresión de su sensibilidad en el medio social y, por tal razón, el preceptor debe proveerle de aquellos estímulos que permitan un desarrollo completo de los sentimientos naturales.

Cabe destacar que esta sensibilidad natural que se expande hacia fuera es el amor de sí, que al principio del proceso educativo estuvo contenida, pero una vez que se llegó a una cierta instancia de madurez se comenzó a encauzar hacia el resto de los seres humanos.

Por otra parte, el preceptor debe asegurarse de que Emilio no sienta vanidad alguna en su comportamiento con relación a sus semejantes, a fin de poder evitar que los sentimientos de su discípulo pierdan su carácter positivo, tal como nos indica Rousseau a continuación:

---

[22] Según Maurice Keens-Soper (1992) "... en *Emilio...* Rousseau imagina una educación de independencia moral diseñada para preparar a un hombre con el fin de resistir a las influencias de la vida social" (172).[v]

[23] Según Sonia Durand (1966) Rousseau postula que "el hombre debe ser formado ... capaz de comprender la naturaleza con el corazón y capaz, por este medio, de sentir un auténtico sentimiento de solidaridad humana" (28).

"... excitar los primeros movimientos de la naturaleza, desarrollarlos y extenderlos sobre su prójimo; a lo que yo agrego que importa entreverar con estos sentimientos el menor interés personal que sea posible; sobre todo nada de vanidad, ... nada de esos sentimientos que nos fuerzan a compararnos con los demás; pues estas comparaciones no se realizan jamás sin cierta impresión de odio contra aquellos que nos disputan la preferencia..." (1985, 258-9).

Con este argumento, Rousseau busca enseñar al preceptor que es importante resguardar a Emilio de aquellos sentimientos que lo conducen a compararse y a vivir fuera de sí mismo pendiente de las preferencias de los demás.

Ni los halagos ni el desprecio deben alterar su inclinación natural y, por ende, su actitud bondadosa hacia los seres humanos. No debe guiarse por las diferencias clasistas que dividen a la sociedad, sino que él tiene que sentirse identificado con todo ser humano a fin de que no se genere en su ser ningún sentimiento de rechazo, tal como sugiere Rousseau a continuación:

"... enseñad a vuestro alumno a amar a todos los hombres, e incluso a aquellos que lo desprecian; obrad de modo que él no se incluya en ninguna clase, sino que se encuentre en todas; en su presencia habladle del género humano con ternura, incluso con compasión, pero nunca con desprecio" (1985, 258).

A razón de esto el educando, sintiéndose identificado con todos los seres humanos, va a expandir su naturaleza bondadosa hacia todos sus semejantes gracias al fuerte sentimiento de igualdad que el preceptor le habrá conducido a desarrollar.

Este sentimiento de igualdad que el discípulo va a engendrar va a ser reforzado por el conocimiento de su naturaleza que le inculcará su preceptor a través de la religión natural.[24]

---

[24] El tema de la religión natural será abordado en la siguiente sección de este capítulo.

Por medio de su comprensión de la naturaleza, va a sentir en su interioridad la unidad que conecta a todos los seres humanos y que origina ese "auténtico sentimiento de solidaridad".

A raíz de este conocimiento de la unidad esencial que abarca a todos los seres humanos, se deriva un fuerte sentimiento de igualdad que se sustenta en la esencia, y no en la apariencia.

De este modo, Rousseau cumpliría con su objetivo de "... realizar un proyecto de buena educación ..., una educación que esté acorde con el sujeto que se educa, con su naturaleza" (Durand 1966, 34-35).

Lamentablemente, los hombres de sociedad no se conocen a sí mismos y, por ende, no se reconocen como iguales entre sí.

De esta falta de conocimiento de uno mismo, conocimiento que Rousseau señala como fundamental, se deriva que el hombre se reconoce como algo que no es y se conduce por la vida con una falsa percepción de sí mismo, la cual provoca el carácter alienado de las relaciones sociales.

Debido al modo de vida alienante que impera en la sociedad, se debe aislar al educando al principio del proceso educativo, a fin de que el alumno no sufra la influencia nociva de sus semejantes que han sido corrompidos desde el comienzo de sus vidas por las instituciones sociales.

La meta de Rousseau es proveer al educando de aquellas herramientas internas que le permitan ser uno con su esencia y que, al mismo tiempo, le permitan insertarse en las relaciones sociales sin caer en la corrupción que provocan las mismas.

Con respecto a esto, Aurora Bernal Martínez de Soria (1998) señala:

"La educación de Emilio está destinada a formar un hombre natural que viva en sociedad: una sociedad en la que el hombre natural hace lo posible por tener unas adecuadas relaciones sociales sin dejarse afectar por los males de ésta, y al mismo tiempo sabe vivir para sí mismo y libre, sin que le domine la voluntad de otros" (228).

De esta forma, el educando va a seguir una lógica de comportamiento acorde con su naturaleza, distinta de la de sus semejantes y que va a resultar en una fuente de cambio en la interacción social; cambio que se va a expresar a través de "... la reconciliación de la naturaleza y de la cultura, en una sociedad que reencuentra la naturaleza y supera las injusticias de la civilización" (Starobinski 1983, 45).

Ahora bien, es obvio que un solo individuo no puede generar un cambio institucional. Pero una cantidad significativa de personas que hayan sido educadas de acuerdo a su naturaleza sí pueden lograr una transformación de las instituciones políticas que esclavizan la esencia del hombre. A razón de esto, el proyecto educativo tiene un propósito de reforma que se pretende ejecutar en el plano institucional, el cual Moreau (1977) señala en la obra de Rousseau:

"Rousseau reconoce la imposibilidad para el hombre de escapar a la vida social, de volver a la independencia natural. El único remedio contra su esclavitud es la corrección de las instituciones, y para ello, la reforma de las costumbres. Tal es la función de la educación" (21-22).

La reforma de las instituciones políticas es el último eslabón de la reforma que promueve Rousseau a través de la educación, y que se evidencia en el capítulo final de su libro. Una vez que se logre, no habrá necesidad de aislar al educando de la sociedad, ya que habrán dejado de imperar los principios corruptores que guiaban el proceso de socialización y será entonces el Estado, reformado según principios acordes a la naturaleza del ser humano, quien guiará la educación de sus ciudadanos; idea que ilustra en alguna medida Sonia Durand a continuación:

"... Rousseau no opinaba que en toda época debía ser educado el niño fuera de la sociedad. Por el contrario, en una sociedad reformada de acuerdo con los principios de su *Contrato Social*, es el Estado quien debe encargarse de la educación de los ciudadanos ..." (1966, 29-30).[25]

---

[25] En nuestra opinión los principios del *Contrato Social* se ilustran en el último capítulo del *Emilio*. Sobre éstos se hará hincapié en la tercera sección de este capítulo.

Este tema de la reforma política va a ser desarrollado en la tercera sección de este capítulo. A continuación vamos a abordar el tema de la educación moral sustentada en el conocimiento de la religión natural que preconiza el "vicario saboyardo" en el *Emilio*.

La religión natural

Esta sección se propone presentar la visión que tiene Rousseau con respecto a la "religión natural" esquematizada en la "profesión de fe del vicario saboyardo".[26]

Rousseau por medio de estas enseñanzas religiosas no quiere convencer a su alumno sobre una determinada religión sino que pretende situar al Emilio en "... estado de escoger aquella que deba conducirle al mejor empleo de su corazón" (1985, 300).

Estas enseñanzas que va a impartir el vicario pretenden preservar intacta la naturaleza de Emilio una vez que éste se haya insertado en la vida social. Esta finalidad intentará lograr Rousseau por medio del dictado de ciertas lecciones que corresponden a la naturaleza del hombre y de Dios, y a la relación de ésta con la moralidad, tal como nos comenta Dent a continuación:

"Aquí él ofrece su declaración más completa sobre la naturaleza y la base de la creencia y el sentimiento religioso; su descripción sobre la naturaleza de Dios; una discusión sobre las relaciones de Dios con sus criaturas; y una explicación de las conexiones entre creencias religiosas y moralidad" (1992, 77).[vi]

De esta forma, el vicario le va a inculcar a Emilio todo lo relativo a la metafísica de la naturaleza, conocimiento que servirá de sustento para la

---

[26]   La "profesión de fe del vicario saboyardo" es una sección dentro del capítulo 4 del *Emilio*. Según Rodolfo Mondolfo, esta sección se fundamenta en la propia experiencia que tuvo Rousseau con dos sacerdotes que le inculcaron los principios de la religión natural. Esta experiencia, que sucedió alrededor de 1741, fue determinante en el desarrollo filosófico de Rousseau (1962, 12).

moralidad que el discípulo deberá incorporar a fin de poder relacionarse sanamente con sus semejantes sin que estos alteren de ningún modo la expresión de su naturaleza y produzcan la alienación en su persona.

El tema que va a servir de disparador para que el vicario comience a impartir sus conocimientos es la felicidad, la cual él afirma poseer y le va a enseñar a su alumno cómo logró alcanzarla:

"Cuando hayáis recibido toda mi profesión de fe, cuando conozcáis bien el estado de mi alma, sabréis por qué yo me considero feliz, y, si pensáis como yo, lo que tenéis que hacer para serlo" (1985, 305).

Entonces la "profesión de fe" que el vicario va a impartir a Emilio servirá para que éste encuentre aquella felicidad que se sustenta en la comprensión de nuestra naturaleza y que no se altera por los dictámenes de la opinión, como sí sucede con el hombre alienado.

Siguiendo este razonamiento, la alienación que afecta al hombre civil encuentra su raíz más profunda en la ignorancia que padece éste con respecto a sí mismo, a su naturaleza; ignorancia que el vicario le comunica a Emilio:

"... nosotros mismos nos ignoramos; no conocemos ni nuestra naturaleza ni nuestro principio activo; apenas sabemos si el hombre es un ser simple o compuesto: misterios impenetrables nos rodean por todas partes, los cuales están por encima de la región sensible..." (1985, 308).

De esta forma, el vicario expresa la ignorancia fundamental que predomina en la sociedad y que no se puede resolver por medio del uso de los sentidos, puesto que las respuestas no se hallan en el plano sensible, sino que trascienden la barrera de la percepción.

Muchos filósofos intentaron responder a estas incógnitas, pero lo único que lograban era generar más dudas y confusión en la débil mente humana que no podía ver con claridad dónde se encontraba la solución a las cuestiones más fundamentales.

Por este motivo, el vicario va a tratar de encontrar respuesta a las principales incógnitas acudiendo a una fuente distinta, que no se encontraba en los libros escritos por los filósofos sino que se hallaba en la intimidad de su ser:

"Comprendí también que lejos de librarme de mis dudas inútiles, los filósofos no harían otra cosa que multiplicar las que me atormentaban y no me resolverían ninguna. Por tanto, yo tomé otra guía y me dije: consultemos a la luz interior, ella me engañará menos que lo que ellos me engañaron ..." (1985, 309).

De este modo, el vicario decidió que la validez de los conocimientos se establecería a partir de lo que sentía en su corazón, de lo que le dictaba su naturaleza interior.

Entonces alcanzaría la verdad siguiendo como regla sencilla la sinceridad de su corazón, de forma tal que todos los conocimientos que éste le afirmara con el sentimiento serían aceptados como verdaderos (Rousseau 1985, 310).

A su vez, todos los conocimientos que se pudieran deducir de aquellos que fueron aprobados por su naturaleza también serían considerados como verdaderos.

De acuerdo con esto, el vicario establece según su sentir natural tres artículos de fe: el primero sostiene que una voluntad mueve el universo y anima a la naturaleza (Rousseau 1985, 314); el segundo consiste en que la materia móvil presenta una voluntad inteligente que puede obrar, comparar y escoger (Rousseau 1985, 316); y el tercer artículo de fe establece que el hombre es libre en sus acciones y, por ende, está animado por una sustancia inmaterial (Rousseau 1985, 323).

Sobre estos tres artículos de fe, que el vicario ha fundamentado en su sentir más profundo y sincero, va a deducir otras verdades.

Con respecto al primer artículo, el vicario va a llamar "Dios" a esta voluntad que mueve el universo y anima la naturaleza, que se expresa en toda la manifestación y en la unidad de intención que gobierna la relación de todas las partes, la cual consiste en la conservación del todo dentro del orden establecido (1985, 318).

Esta inteligencia suprema que es Dios posee dos cualidades que están interrelacionadas y que son la bondad y la justicia, las cuales son explicadas por el vicario de la siguiente forma:

"... el ser soberanamente bueno ..., debe ser también soberanamente justo, ya que de otro modo se contradeciría a sí mismo; pues el amor y el orden que lo produce se llama *bondad*, y el amor al orden que lo conserva se llama *justicia*" (Rousseau 1985, 325).

Estos atributos que posee Dios también los tienen los seres humanos, puesto que su sustancia está en nosotros y, por ende, poseemos las mismas cualidades que Él tiene.[27]

A razón de esto, los seres humanos participan en común de la misma unidad esencial, que es la naturaleza divina, y por ende expresan en su esencia las mismas cualidades de la unidad a la que pertenecen.

De este modo, la bondad y la justicia que están presentes en la naturaleza divina son también atributos naturales que posee el hombre, que desde un plano distinto al que actúa Dios producen unos efectos distintos.[28]

A razón de esto, la bondad en el hombre implica "amar a sus semejantes" y la justicia consiste en "dar a cada uno aquello que le pertenece" (Rousseau 1985, 329).

De esta forma, los mismos atributos que poseen los seres humanos también los tiene Dios, puesto que Él se expresa en la naturaleza del hombre,

---

[27] Cabe mencionar que el vicario le enseña a Emilio que la sustancia inexplicable de Dios está en nuestras almas y está en nuestros cuerpos (Rousseau 1985, 328).

[28] Con respecto a esto, el vicario le indica a Emilio que la justicia es consecuencia de la bondad y que ésta es producto del amor de sí, siendo esta última una cualidad esencial a todo ser que siente (Rousseau 1985, 324).

dejando en claro el carácter inmanentista que presenta Rousseau, tal como nos dice Jacques Maritain (1986) a continuación:

"Rousseau ... es deliberadamente inmanentista ... ; según él, Dios sólo se manifiesta al hombre por una postulación espontánea de la naturaleza, por una necesidad del sentimiento, por una experiencia inmediata" (168-169).

Siguiendo este razonamiento, el hombre puede acceder a la esencia de Dios por medio del conocimiento de su propia naturaleza, ya que existe una estrecha relación entre nuestro yo real y el yo superior que es Dios.

De esta manera nuestro yo real se corresponde con nuestra alma, la cual es aquel principio activo que imprime movimiento sobre la máquina que utilizamos para relacionarnos con el entorno, que es nuestro cuerpo.

Según el tercer artículo de fe, el alma es aquella sustancia inmaterial que anima el cuerpo y que a su vez es libre de elegir qué curso de acción seguir, siempre y cuando "... la voz del alma pueda elevarse contra la voz del cuerpo" (Rousseau 1985, 322).

La voz del alma es la "conciencia" y la voz del cuerpo son las "pasiones", y es la primera la que debe seguir el hombre si quiere hacer caso a su naturaleza, la cual lo va a conducir por el camino correcto y nunca le va a engañar (Rousseau 1985, 330).

Según Jacques Maritain, "la conciencia es no sólo la regla próxima de nuestras libres determinaciones, sino que es infalible como una revelación de los oráculos divinos, emanada del fondo substancial del corazón" (1986, 169).

De acuerdo con esto, la conciencia es un principio natural innato independiente de la razón que conduce al hombre a amar el bien y a seguirlo una vez que el hombre ha incorporado las ideas del bien y del mal (Rousseau 1985, 334).[29]

Siguiendo este razonamiento, el vicario nos indica que la conciencia es un principio de virtud y justicia que se encuentra en el fondo de nuestras almas, que nos asiste para juzgar adecuadamente la bondad o la maldad de las acciones propias y ajenas (Rousseau 1985, 332).

Cabe destacar que esta conciencia es un sentir innato que expresa nuestra naturaleza bondadosa, la cual, si es correctamente racionalizada, nos puede servir para convivir en armonía con nuestros semejantes, eligiendo siempre el camino del bien.

Sin embargo, esta voz del alma se puede encontrar incapacitada para expresarse a través del comportamiento del hombre si no se lleva a cabo una adecuada racionalización de la misma, de modo tal que el individuo presente ciertos condicionamientos mentales que no le permitan a la "conciencia" manifestarse, tal como el vicario nos ilustra de la siguiente forma:

"Si habla a todos los corazones, ¿por qué hay tan pocos que la escuchan? ¡Ah!, es que nos habla el lenguaje de la naturaleza, que todo nos lo ha hecho olvidar. La conciencia es tímida, ... le espanta el mundo y el ruido; los prejuicios que nacen en ella son sus más crueles enemigos; ella huye o se calla ante ellos: su voz ruidosa ahoga la suya y le impide hacerse oír; el fanatismo osa desfigurarla, y dictar el crimen en su nombre" (Rousseau 1985, 335).

De esta forma el vicario deja entender que la voz del alma habla a todos los seres humanos, pero que a raíz de la educación distorsiva que padecen

---

[29]   Según el vicario, "toda la moralidad de nuestras acciones está en el juicio que formulemos nosotros mismos. Si es cierto que el bien sea bien, debe estar en el fondo de nuestros corazones como en nuestras obras, y el primer premio de la justicia está en comprender que se la practica" (Rousseau 1985, 330).

38

los hombres en sociedad ésta no puede ser escuchada, de modo tal que la razón oculta su testimonio divino.[30]

Entonces el hombre civil no siente amor por el bien ni por sus semejantes, de modo tal que concentra su amor en sí mismo, inspirado por el amor propio y no por el amor de sí, tal como nos ilustra el vicario de la siguiente forma:

"Quitad de nuestros corazones este amor por lo bello y habréis quitado en su alma mezquina estos deliciosos sentimientos; aquél que a fuerza de concentrarse íntimamente, acaba por no amar sino a sí mismo, no siente transporte alguno, no palpita de gozo su helado corazón; jamás humedeció sus ojos una dulce ternura; no goza de nada; el desdichado no siente, no vive; está muerto" (Rousseau 1985, 331).

Este amor propio que encierra al hombre en sí mismo y no siente sino por lo que le pueda afectar a sus propios intereses es distinto al amor de sí, el cual al expandirse hacia el resto de los seres humanos instaura en el individuo un sentimiento de solidaridad que deriva del sentimiento de pertenencia a la especie humana.

Según Rodolfo Mondolfo (1962), "del amor de sí Rousseau puede hacer derivar la conducta moral; porque ese amor es aquel estado de conciencia en el cual el hombre prescinde de lo que constituye su individualidad en el orden empírico, obra como si en él obrase la humanidad ...; el sujeto llega a encontrar en sí mismo el principio común de todos los seres y a abarcar con su determinación un mundo entero" (45-46).

Por eso es necesario tener un correcto conocimiento sobre la naturaleza humana, a fin de evitar cometer errores a la hora de educar a las futuras generaciones según preceptos que no sirvan para canalizar adecuadamente el flujo bondadoso de nuestra esencia.

---

[30] Con respecto al testimonio divino que presenta nuestra conciencia el vicario nos comenta lo siguiente:
"¡Conciencia, conciencia!, instinto divino, inmortal y celeste voz; guía segura de un ser ignorante y limitado, pero inteligente y libre; juez infalible del bien y del mal, que hace al hombre semejante a Dios ..." (Rousseau 1985, 335).

La ausencia de este conocimiento de la naturaleza conduce al hombre por una senda de ilusiones aceptadas por una falsa identidad, que busca la felicidad donde realmente no se encuentra.

Estas ilusiones guiaron al vicario por bastante tiempo hasta que pudo reconocer lo que era su yo real, de modo tal que no se dejó engañar más y adoptó una nueva perspectiva hacia la vida, tal como nos comenta a continuación:

"Existe una edad en la que el corazón, ... ávido de la felicidad que no conoce, la busca con curiosa incertidumbre, y, engañado por los sentidos, ... cree encontrarla en donde no existe. Estas ilusiones ... las he conocido demasiado tarde ... ; lejos de ver en ellas el motivo de mi felicidad, veo su obstáculo. Yo aspiro al momento en que, libertado de las trabas del cuerpo, yo seré yo sin contradicción, sin división, y sólo tendré necesidad de mí para ser feliz ..." (Rousseau 1985, 338).

De este modo, el vicario señala las ilusiones que aceptamos desde una falsa identidad y nos menciona indirectamente la importancia que tiene el conocimiento de nuestra naturaleza para liberarnos de éstas y recobrar nuestra verdadera identidad, una identidad de alma.

Con esta nueva perspectiva el vicario reconoce que su yo real, su alma, vive una contradicción ontológica con su cuerpo, su instrumento, y por esta razón nos menciona que una vez que se haya "liberado de las trabas de su cuerpo" él podrá ser dichoso con su esencia.

Sin embargo, este estado de felicidad lo puede alcanzar el vicario sin necesidad de morirse, por medio de la contemplación de su naturaleza esencial, y por ende, a través de la meditación sobre la esencia de Dios y el orden universal, tal como nos comenta a continuación:

"Para elevarme tanto como sea posible a este estado de felicidad, ... me ejercito en las sublimes contemplaciones. Medito respecto al orden del universo, ... para admirarlo sin cesar, para adorar al sabio autor que me lo hace sentir" (Rousseau 1985, 338).

De este modo el vicario le indica a Emilio que la contemplación de nuestra esencia es el camino que tiene que seguir para lograr la felicidad verdadera y de esta forma superar la contradicción que existe con nuestro cuerpo.[31]

Para Rousseau, entonces, la beatitud reside dentro de uno, en nuestro yo divino y trascendental, y por ende en la esencia de Dios que se corresponde con la nuestra (Maritain 1986, 171).

Cabe destacar que el meditar sobre nuestra naturaleza implica meditar sobre la naturaleza de Dios, puesto que Él nos ha creado a su imagen y semejanza a fin de que pudiésemos ser libres, buenos y dichosos como Él (Rousseau 1985, 324).

Por otra parte, la contemplación de nuestra esencia divina nos conduce a amar a Dios y a querer lo que Él quiere (Rousseau 1985, 354), y este amor no es para unos pocos, sino que lo pueden experimentar todos los seres humanos dada la igualdad de naturaleza que existe entre todos.[32]

Siguiendo este razonamiento, la meditación es la herramienta que le va a permitir al educando amar a Dios y a su prójimo, constituyéndose este sentir en la base de la moralidad que deberá seguir Emilio independientemente de lo que cualquier institución le llegara a dictaminar, tal como el vicario nos expresa de la siguiente forma:

"...los verdaderos deberes de la religión son independientes de las instituciones de los hombres; que un corazón justo es el verdadero templo de la divinidad; que en todo país y en toda secta, amar a Dios sobre todas las cosas y a tu prójimo como a ti mismo, es el sumario de la ley; que no existe religión que dispense de los deberes de la moral, que éstos son los verdaderamente esenciales en ella; que el culto interior es el primero de estos deberes, y que sin la fe no existe ninguna virtud verdadera" (Rousseau 1985, 359-60).

---

[31] Con respecto a la felicidad, el vicario le aclara al Emilio que "el goce supremo está en el contento de sí mismo" (Rousseau 1985, 323).

[32] La igualdad de naturaleza deriva del hecho de que todos formamos parte de la misma unidad esencial, y por ende la naturaleza de la unidad le corresponde a las partes que participan de la misma.

Es así como el vicario resume las enseñanzas que le brindó a Emilio a fin de que éste supiera cuál es su naturaleza y la de Dios, y las leyes que debe respetar y cumplir para su propio bien y el de los demás.

El desarrollo de las luces guiado por la educación de la naturaleza ha hecho posible que este cuerpo de ideas pueda llegar a la mente de Emilio, siendo estos preceptos necesarios para encauzar la inclinación natural del educando hacia una relación moral adecuada que le permita evitar la alienación en la vida social.

Estos preceptos que se le han inculcado a Emilio conforman la religión natural que ha predicado el vicario saboyardo y es el límite al que llega el educando, tal como Rousseau nos aclara a continuación:

"En tanto que no se otorgue nada a la autoridad de los hombres, ni a los prejuicios del país en donde se ha nacido, las únicas luces de la razón no pueden, en la institución de la naturaleza, conducirlos más allá de la religión natural; y a ésta es a la que yo me limito con mi Emilio" (1985, 362).[33]

De esta manera, Rousseau entiende que al subordinar la educación moral a la educación de la naturaleza se llega a un límite que es el de la religión natural. El educando a través de la razón puede discernir que es el bien y el mal, y por medio de su conciencia puede amar el bien y elegir si seguir o no ese sentir de su conciencia, dada la libertad inherente a su esencia.

A razón de la libertad que el hombre goza, éste no se encuentra determinado por el orden universal, a pesar de que es parte del mismo, tal como nos dice Aurora Bernal Martínez de Soria:

"El hombre es parte del universo, y su naturaleza es parte de la Naturaleza, orden particular supeditado al universal pero no determinado. Rousseau defenderá como característica esencial de la naturaleza humana su libertad, y tiene que dejar abierta la puerta en la concepción de lo

---

[33] El vicario en un momento de la exposición le indica a Emilio que toda su profesión de fe expresa una religión natural (Rousseau 1985, 340).

universal para que la acción libre se coordine con el orden universal" (1998, 147).

Con respecto a esto, Dios ha hecho al hombre libre para elegir qué camino seguir, queriendo que éste no se equivoque y sepa reconocer cuál es el camino que a él le conviene seguir según su naturaleza (Rousseau 1985, 323).

La comprensión de su naturaleza le permite al educando saber que al hacer el bien a sus semejantes está haciéndose el bien a sí mismo, dado que todos forman parte de la misma unidad esencial, y el bien que se genere en una de las partes repercute positivamente en toda la unidad.

De este modo se forma en el educando una conciencia de unidad que le permite identificarse con todos los seres humanos, puesto que ve en ellos no las diferencias superficiales sino la igualdad esencial que los une.[34]

A razón de esto, el hombre que tenga conocimiento de su naturaleza podrá reconocer su verdadera identidad y, por ende, sabrá que en esencia es igual a sus semejantes. Esta identidad de alma, este yo real que se hace presente en la mente del educando, es lo que le va a permitir superar la influencia alienante del entorno social en el que se inserte.

La identidad de alma le permite al educando protegerse del modo de vida alienante dado que él reconoce lo que es y, por ende, sabe que en esencia es igual a sus semejantes; y esta comprensión va a impedir que el Emilio sea seducido por la idea de consideración, ya que el desprecio o el aprecio ajeno no va a perturbar su autoestima, sino que ésta va a permanecer inalterada (Rousseau 1985, 388).

---

[34] La conciencia de unidad deriva del conocimiento que tiene el educando de su esencia y por ende de la unidad divina que integra. De esta forma el hombre se une a la naturaleza divina y ve la igualdad esencial que existe en la especie humana. La unión con Dios es el fin último de la religión rousseauniana, pero no porque participamos de su vida sino porque absorbemos nosotros la Divinidad (Maritain 1986, 171).

Siguiendo este razonamiento, la autoestima no va a sufrir alteración alguna debido a que el Emilio sabe que él es igual en esencia al resto de los seres humanos, y por ende esta conciencia de igualdad le permite relacionarse basándose no en las diferencias superficiales sino en la igualdad esencial. Y en definitiva, si la perspectiva del educando se concentra en la igualdad natural no habrá diferencias que lo conduzcan a compararse y a medirse con el resto de los hombres y, por lo tanto, no habrá de generarse en él ningún sentimiento de superioridad o inferioridad de modo tal que la alienación lo acapare.

La verdad que se encuentra en el corazón del hombre será la que conduzca a Emilio por la senda de la madurez y la comprensión que sacude de la mente las falsas apreciaciones de la realidad que el hombre civil cree entender pero lejos está de lograr ese hito sumergido en la ignorancia de su propio ser.

El hombre civil, a diferencia de Emilio, no entiende su naturaleza y, por ende, no tiene una conciencia de unidad que le permita identificarse con sus semejantes y lo conduzca a hacer el bien a los demás sin esperar recompensa alguna.

De esta manera, el hombre que ha nacido en sociedad y que no ha recibido una educación que corresponda con su naturaleza cae en las falsas ilusiones que lo conducen a la comparación con el otro y a la alienación.

Esta ignorancia fundamental que padece el hombre civil, que implica la carencia de conocimientos verdaderos con respecto a su naturaleza, es lo que inevitablemente conduce al hombre hacia la falsa identidad.

Con respecto a ésta, el hombre no se reconoce a sí mismo como lo que es, es decir, no comprende que es un alma y que es algo que anima su cuerpo y que no puede ser percibido por ninguno de sus sentidos.

La única manera de acceder a su alma es a través de la meditación, tal como el vicario le indicaba a Emilio. Por medio de esta técnica el individuo podrá sentir en su profunda interioridad toda la verdad de su ser y, por ende, podrá sentir esa felicidad tan plena que corresponde a su esencia.

A continuación, se analizará la implicancia política y social de la educación de Emilio en términos de la identidad que ha adquirido a partir de la religión natural que se le ha inculcado.

La configuración del yo y su implicancia en la matriz social y política

Para comenzar esta sección, voy a citar un fragmento del *Emilio* que describe muy bien la intención de Rousseau con respecto a cómo deberían ser las instituciones sociales:

"Las buenas instituciones sociales son las que mejor saben desnaturalizar al hombre, quitarle su existencia absoluta para darle una relativa, y transportar el yo a la unidad común; de suerte que cada particular no se cree ya uno, sino parte de la unidad, y no es ya sensible sino en el conjunto" (1985, 38).

El diseño institucional que propone Rousseau debe complacer el requisito de formar en el hombre una conciencia de unidad que lo conduzca a actuar por el bien común del cuerpo social al que pertenece. De esta manera, Rousseau espera que las instituciones sociales puedan cumplir con un tipo de socialización que instruya al individuo para que adopte una identidad como la que él le inculcó a su Emilio, que implicaba transportar el yo a una unidad más amplia.

Esta es la idea que sostiene Rousseau sobre cómo debería ser el proceso de socialización según el cual la persona deja de ser un individuo que actúa movido por sus propios intereses y pasa a actuar de acuerdo al interés general de la unidad social a la que pertenece.

La desnaturalización que acontece en el hombre no quiere decir que el hombre deja de seguir su naturaleza sino que sucede todo lo contrario. Es la materialización social de la naturaleza humana, tal como nos explica Rodolfo Mondolfo (1962) en su texto sobre Rousseau:

"Para Rousseau, en el amor de sí el hombre siente el valor universal de la interioridad, siente palpitar y vivir en sí la humanidad y el Gran Ser universal... he aquí... el acuerdo de los hombres en materia de religión y de moral; he aquí la posibilidad de crear un yo común en el cuerpo social, conciliando de esta manera las dos exigencias de la asociación y de la libertad" (46-47).

Con esto, el autor nos quiere decir que al hacer contacto con nuestra naturaleza interior, nosotros sentimos que formamos parte de una unidad que no percibimos y que nos conecta con todos los seres humanos.

Sentimos en nosotros al "Gran Ser universal" y, por ende, sentimos una profunda identificación con nuestros prójimos, que también comparten el mismo sentir.

De esta manera, nuestro sentir nos confirma que somos algo que no percibimos y que es en esencia igual al resto de los seres humanos. Esta verdadera identidad que adopta el individuo le permite interactuar con sus semejantes desde una perspectiva distinta, que le posibilita superar las diferencias superficiales que dividen a los hombres y originan los conflictos entre los mismos.

La identidad de alma que adopta el individuo le permite comprender la igualdad esencial que existe entre todos los seres humanos, la cual no se puede percibir pero sí se puede sentir en lo más profundo de su ser.

Este conocimiento de nuestra naturaleza es lo que le permite al hombre comprender lo que es, y de este modo adoptar una conciencia de unidad que lo conduce por una senda de solidaridad con aquellos que son, al igual que él, expresión de la misma unidad esencial.

Es a través de este conocimiento de nuestra naturaleza que la especie humana podrá idear la construcción de un cuerpo social que sea expresión visible de esta realidad trascendental que une a todos y nos hace actuar por un bien común.

Con respecto a esto, Allan Bloom (2000) en su artículo sobre Jean-Jacques Rousseau escribe que "...cuando el problema es fundar o reformar un régimen, la única norma puede ser la naturaleza y, más específicamente, la naturaleza del hombre" (531-532).

Siguiendo este razonamiento, la fundación de un régimen deriva de un "contrato social" que es la base de toda sociedad civil, y el cual presenta un contenido que es enunciado por Rousseau de la siguiente manera:

"Cada uno de nosotros sitúa en común sus bienes, su persona, su vida, y toda su potencia, bajo la suprema dirección de la voluntad general, y nos sentimos cuerpo cada miembro como parte indivisible del todo" (1985, 532).

De esta asociación resulta un cuerpo social del cual forman parte todos los que se comprometieron con el mismo, y es a raíz de la fundación de este cuerpo que cada particular va a actuar como si en él actuase todo el cuerpo.

A razón de esto, uno puede interpretar que el cuerpo social que se funda a través de esta fórmula es un reflejo casi perfecto del cuerpo esencial que nos une a todos en cuanto almas.

Es esta conciencia de unidad que se refleja en el dicho "... nos sentimos cuerpo cada miembro como parte indivisible del todo" y que Rousseau expresa a través de la fórmula del contrato social, la que va a servir para que los hombres puedan posicionarse como iguales por naturaleza y puedan fundar un régimen que persiga el bien de toda la unidad.

De esta forma, la identidad de alma es lo que puede conducir a la adopción de una conciencia de unidad y, por ende, a la construcción de un cuerpo social y político que sea reflejo de esa realidad trascendental que une a todos y los hace iguales por esencia.

La igualdad va a ser la idea más importante que guíe todo el desarrollo político-social de Rousseau, siendo ésta condición necesaria para que la libertad tenga espacio en las instituciones sociales, tal como nos expresa Roco Colangelo (1972) en su artículo:

"... El tema de la igualdad constituye el nudo teórico fundamental del pensamiento político-social de Rousseau, cuya solución naturalmente concurre a determinar en grandes líneas la misma configuración de una sociedad alternativa de la presente. Se ha observado oportunamente que en el pensamiento rousseauniano la igualdad constituye el criterio esencial, el elemento fijo y calificador de los actos de la vida social, mientras que la libertad se presenta más bien como un elemento móvil y variable, que extiende su propio contenido hasta donde es compatible con el orden igualitario de la sociedad" (191).

La idea de igualdad es central en el pensamiento político de Rousseau, y es condición necesaria de la libertad, puesto que "... al entregarse cada uno a todos, no se entrega a nadie; y como no hay un asociado sobre el cual no se adquiera el mismo derecho que se le concede sobre sí, se gana el equivalente de todo lo que se pierde, y más fuerza para conservar lo que se tiene" (Rousseau 2003, 55).[35]

Por esta razón, el individuo que participa en pie de igualdad con el resto de los pactantes renuncia a su libertad natural pero adquiere una libertad convencional que es igual para todos y, por lo tanto, está sometida a las leyes que impone la voluntad general, la cual actúa movida por el interés común y por tanto no perjudica a nadie.[36]

Es necesario, antes de seguir con este desarrollo, definir algunos conceptos que son fundamentales para comprender la lógica del contrato y la relación entre todos los componentes que lo forman, y por tal motivo vamos a citar a Rousseau que nos aclara estas dudas en su *Emilio*:

"... En lugar de la persona particular de cada contratante, este acto de asociación produce un cuerpo moral y colectivo, compuesto de tantos miembros como votos tiene la asamblea. Esta persona pública toma en

---

[35] Esta cita es del *Contrato Social*, el cual fue publicado por primera vez en 1761.

[36] De acuerdo con esto, Julio Aramberri sostiene que "la manifestación concreta de esa voluntad general es la ley, que aparece, en tanto que proyección del *yo común*, como la suprema expresión de la libertad, la más alta expresión de la razón y la realización de la igualdad. Se es más libre cuanto más sometido se está a las leyes, afirma Rousseau recogiendo el sentido clásico del antiguo *nomos* griego, pues obedeciendo a la ley a ningún hombre se obedece, sino a uno mismo" (1980, 125).

general el nombre de Cuerpo político, el cual es llamado por sus miembros Estado cuando es pasivo, Soberano, cuando es activo, Potencia comparándole con sus semejantes. Con respecto a los miembros en sí mismos, ellos toman el nombre de pueblo colectivamente, y se llaman en particular ciudadanos como miembros de la ciudad o participantes de la autoridad soberana, y súbditos como sometidos a la misma autoridad" (1985, 532).

De esta manera, el cuerpo político que se constituye a partir del acto de asociación hace de cada pactante una parte indivisible de esta persona pública, dentro de la cual cada ciudadano tiene un voto para ejercer su libertad política en la asamblea pública.

Es importante que el pueblo pueda ejercer su influencia política a través del voto sin ningún tipo de parcialidad, a fin de poder conseguir una genuina expresión de la voluntad general.

La voluntad general se expresa a través del soberano, quien por medio de leyes reglamenta la vida de todos los súbditos que forman parte del cuerpo político.

Estas leyes son de carácter general puesto que se estatuyen sobre el pueblo, y es el pueblo quien las estatuye sobre sí mismo, y por ser expresión de la voluntad general las mismas son obedecidas.

Con respecto a esto, las leyes no establecen las condiciones de vida de una persona en particular o de una minoría, sino que estas se establecen sobre un objeto de carácter general.

De esta forma, el pueblo, siendo soberano, establece un cuerpo de leyes que son expresión de la voluntad general y que se aplican sobre un objeto de carácter general.

Siguiendo este razonamiento, el pueblo no puede estatuir algo que lo perjudique porque esto significaría que se quiere causar mal a sí mismo; y por esta razón todo lo que se estatuye no puede perjudicar a nadie que supo comprender qué es lo que beneficia al conjunto.

Si hay algún particular que se opone a acatar la ley porque no expresa adecuadamente su voluntad particular, entonces este debe ser sancionado por haber violado su compromiso social y por no haber entendido la voluntad del conjunto.

Esta falta de comprensión de la voluntad general es indicador de la falta de una conciencia de unidad que guíe al ciudadano hacia el bien común y, por ende, hacia su propio bien.[37]

Lo que beneficie al cuerpo lo beneficia a él y si su voluntad es discordante de la voluntad general quiere decir que lo que él desea no beneficia ni al conjunto ni a él.

Pero surge un problema cuando el todo se fragmenta en partes y cada una de estas partes constituye una "asociación parcial" que anula la autonomía política de sus integrantes a la hora de expresar su voto.

La presencia de estas asociaciones reduce el número de diferencias en la asamblea y da un resultado menos general.

Según lo que escribe Rousseau en su *Contrato Social*, "si un pueblo delibera, una vez suficientemente informado, y si los ciudadanos no mantienen ninguna comunicación entre ellos, del gran número de las pequeñas diferencias resultaría siempre la voluntad general, y la deliberación sería siempre buena" (2003, 72).

Por esta razón, cuanto mayor es el número de diferencias dentro de la asamblea, mayor es el grado de generalidad del resultado y, por ende, más cerca está el mismo de ser expresión genuina de la voluntad general.

---

[37] Cabe destacar que la conciencia de unidad es el componente psicológico necesario para que el sujeto se guíe por la virtud en su comportamiento, la cual consiste en el acuerdo entre la voluntad individual y la voluntad general (Höffding 1931, 142).

Este acuerdo entre las dos voluntades se logra a raíz de que el individuo controla sus afecciones y se conduce por la vida guiado por la razón y la conciencia, manteniéndose siempre en orden (Dent 1992, 241).

Y a razón de esto, la creciente presencia de asociaciones dentro de la asamblea reduce el número de diferencias, ocasionando un resultado menos general que se aleja más de la voluntad general, la cual "... es siempre recta y tiende siempre a la utilidad pública" (Rousseau 2003, 71).

Las asociaciones parciales expresan con respecto al Estado voluntades particulares, y con respecto a sus miembros voluntades generales. Y para lograr la utilidad del conjunto es necesario que el pueblo no esté dividido en asociaciones, a fin de que cada ciudadano opine por sí mismo y se exprese en el recinto la voluntad general y no la voluntad de unos pocos.

Es importante para esto que cada uno actúe según una conciencia de unidad que haga del individuo una parte indivisible del todo y, por ende, persiga en su comportamiento el bien de todo el cuerpo político.

Con respecto a la conciencia de unidad, ésta se identifica con el amor de sí, que al expandirse hacia todos los seres humanos actúa como amalgamador de los seres constituyendo un yo común que sirve de base para la realización de la voluntad general, tal como expresa Rodolfo Mondolfo:

"... Rousseau reivindica la conciencia de la dignidad de la naturaleza humana ... La conciencia moral de ésta no se trasluce en el sentimiento particularista (amor propio), sino en el universalista (el amor de sí); el cual constituyendo a un mismo tiempo la interioridad por excelencia y 'la fuerza expansiva del alma que me identifica con mis semejantes', es casi el puente de pasaje del hombre a la sociedad, del yo individual al yo común, de la voluntad de cada uno a la voluntad general" (1962, 70-71).

A razón de esto, la configuración del yo muestra, en un escenario hipotético, su influencia decisiva en la fundación de un cuerpo político-social, a través de una fórmula que consagra la igualdad y la libertad como los valores determinantes del proyecto.

De este modo, entendemos que la relación conceptual estrecha que existe entre la identidad de alma y la conciencia de unidad que el hombre adopta nos permite comprender este fenómeno del contrato social como un efecto del conocimiento que el hombre posee sobre su naturaleza.[38]

Si bien Rousseau no nos dice que el hombre en el acto de asociación tiene un pleno conocimiento de su naturaleza, las condiciones del pacto nos permiten inferir que los hombres que se asocian no son ignorantes de su naturaleza.

Esta naturaleza divina, que sirve de base para el desarrollo de una sociedad política alternativa, es la que permite configurar en el individuo una identidad que lo haga sentirse parte de un todo más amplio; que lo haga actuar como si en él actuase el mismo cuerpo político.

De esta forma, el hombre social va a perseguir el bien de todas las partes, guiado por la conciencia más íntima de su alma que lo conduce por la senda de la virtud y la moral, tal como nos expresa Michèle Duchet (1984) en un fragmento de su texto que hace referencia al *Contrato Social*:

"Sólo el hombre social, arrancando el amor de sí por el amor a sus semejantes, apasionado y virtuoso, es un ser moral que cumple en todo la vocación de su especie. Toda sociedad bien constituida reproduce, de tal manera, el modelo divino ..." (322).

De esta forma, la verdadera comprensión de la naturaleza resulta determinante en la configuración del estado político ideal, así como lo fue en el proyecto educativo que diseñó Rousseau para su Emilio.

Esta continuidad en el pensamiento rousseauniano entre las dimensiones moral, pedagógica y política es, justamente, la postura que este trabajo defiende, y a razón de esto va a vincular las dos obras analizadas a través de un tema común que es la falsa identidad.

---

[38] De acuerdo con esto, John Scott (1992) sostiene que "el retrato de Rousseau sobre nuestra posición original como seres buenos dentro de un todo natural bueno, sirve como un modelo formal positivo que nos permite a nosotros rehacer nuestra existencia corrupta a través de un estado legítimo, modelado por Rousseau en base al todo natural o divino" (697).

Capítulo 3. Nexo entre el *Segundo Discurso* y el *Emilio*

La alienación como indicador de la falsa identidad y su rol en la gestación de la desigualdad entre los hombres

Hemos visto que en el *Segundo Discurso,* Rousseau analiza la naturaleza del hombre y distingue entre un estado donde el hombre se guía puramente por el instinto natural y lleva una vida solitaria, y otro estado donde el hombre ya no escucha la voz de su propia esencia y convive con otros de la misma especie, inmersos en una estructura de relaciones alienantes.

Al primer estado lo llamó Rousseau "estado de naturaleza" y al segundo lo llamó "estado civil", siendo el primero un estado hipotético a partir del cual se juzgaría la corrupción que sufrió el hombre en el estado civil actual.[39]

El factor que marcó una diferencia sustancial entre los dos estados es la "alienación" del hombre, alienación que se presenta en el estado civil y no en el estado de naturaleza.

Esta alienación que sufrió el individuo en el estado civil, que implica vivir fuera de sí mismo, es la que va a acentuar las diferencias entre los hombres civiles y va a marcar un grado importante de alejamiento del hombre social con respecto al hombre natural, dado que el segundo vive dentro de sí y no fuera de sí.

El factor que originó este cambio alienante fue la idea de consideración, la cual guio la mirada de los hombres hacia fuera en busca de la distinción y la preferencia de los demás.

---

[39] Cabe destacar que la sociedad que analiza Rousseau es la de su época (mediados del siglo XVIII). Igualmente el lector podrá notar que hay mucha similitud en la estructura de relaciones con la sociedad contemporánea.

Esta actitud ocasionó la transmutación del amor de sí en amor propio, y a partir de entonces el hombre se alejó de su naturaleza y comenzó a vivir en la opinión de los demás.

De esta forma, la idea de consideración fue la que originó este modo de vida alienante en la sociedad, pero además fue la primera fuente de las desigualdades entre los hombres, según nos menciona explícitamente Rousseau en su texto (2003, 332).

Al principio del *Segundo Discurso*, Rousseau nos indica que existen dos tipos de desigualdades: una desigualdad natural, y una desigualdad convencional (2003, 279).

La primera corresponde a las desigualdades de edad, fuerza física, cualidades del espíritu, y de salud; la segunda corresponde a todas aquellas desigualdades que los hombres han creado de manera artificial por medio de convenciones en las cuales han dado su consentimiento.

Con respecto a esto, el ginebrino va a condenar las diferentes instituciones que ha constituido el hombre y que han servido para generar nuevas desigualdades entre los seres humanos.

De esta forma, Rousseau va a denunciar las diferencias artificiales que separan a los hombres y generan competencia y rivalidad entre los mismos, y que han contribuido al alejamiento de la especie humana de su naturaleza esencial, consolidándose en la sociedad un modo de vida corrupto y alienante que nada tiene que ver con la forma natural de vida que el hombre en el estado de naturaleza solía tener.

Estas desigualdades convencionales fueron producto del amor propio, y éste a su vez fue el resultado de la implantación de la idea de consideración en la mente de los hombres.

Por esta razón, Rousseau sostiene explícitamente que la primera fuente de la desigualdad fue la idea de consideración (2003, 332). Sin embargo, después de haber hecho una lectura completa e integrada del *Segundo Discurso* y del *Emilio,* se puede deducir que la primera fuente de la desigualdad no es la que sostiene explícitamente Rousseau.

Este último punto va a ser aclarado una vez que accedamos al *Emilio* y analicemos cuál es el "remedio" que propone Rousseau para evitar que su educando sea alienado una vez que se haya insertado en la vida social.

Acá termina esta descripción resumida de lo que trata el *Segundo Discurso* y lo que nos interesa señalar del mismo para el fin que perseguimos en esta sección.

Ahora pasamos al *Emilio,* del cual importa señalar que se sitúa en el orden cronológico de publicación después que el *Segundo Discurso.*

En el *Emilio,* Rousseau va a presentar un proyecto educativo que implementará con un alumno imaginario (Emilio), cuya finalidad consiste en preparar al mismo para que pueda vivir en sociedad sin ser alienado.

Esta finalidad de la no alienación se va a alcanzar por medio de una educación que se sustenta en la naturaleza y que va a ser la que determine las distintas instancias de aprendizaje del alumno.

De esta forma, la educación de los hombres y de las cosas va a estar supeditada a la educación de la naturaleza y, por consiguiente, la educación moral va a estar condicionada por esta última.

Por esta razón, Emilio va a ser instruido en los conocimientos de la religión natural que servirán para que éste pueda comprender su naturaleza y la de los demás, y entable una relación armónica y no alienante con sus semejantes.

Estos conocimientos sobre la naturaleza del hombre y de Dios van a ser las herramientas fundamentales que va a emplear Rousseau para instaurar en su educando una identidad que le permita al mismo evitar la alienación social y la corrupción de su ser.

Por este medio, el preceptor lo va a conducir a Emilio hacia la captación de su verdadero yo, su alma, la cual es parte de la misma unidad esencial, que es la naturaleza divina.

A raíz de esto, Emilio va a aprender que, al igual que él, todos los seres humanos son partes de la misma unidad esencial y, por ende, todos son iguales en esencia.

Esta conciencia de igualdad va a impedir que la idea de consideración conduzca al Emilio hacia la búsqueda de la preferencia ajena y la distinción, puesto que él no va a acceder al juego de superioridad e inferioridad propio del modo de vida alienante, sino que en la interacción con los demás se va a guiar por la igualdad esencial y no por las diferencias superficiales.

Con respecto a esto, Emilio va a interactuar con el resto de los seres humanos desde una perspectiva distinta que impida que los perciba como superiores e inferiores, sino que verá en ellos la igualdad esencial que los une como partes integrantes de la misma unidad.

Esta perspectiva es resultado de la identidad de alma que el educando habrá adoptado gracias a la religión natural que le inculcó el vicario.

De esta forma, Rousseau le va a enseñar a Emilio a conocerse y, por ende, a conocer a los demás y a la igualdad esencial que los identifica, a fin de evitar que éste sea alienado una vez que se inserte en la sociedad.

La ausencia de este tipo de identidad en el individuo podría ocasionar la alienación del mismo, al igual que el resto de los hombres civiles que se guían por la vida con una falsa identidad de sí mismos.

Por consiguiente, si el educando no tiene conocimiento sobre su naturaleza, y por ende es un ignorante fundamental, va a adoptar una falsa identidad de sí mismo y va a caer inevitablemente en el juego alienante de superioridad e inferioridad.

Es por esto que la alienación es indicador de la falsa identidad, puesto que si el individuo no fuera un ignorante fundamental tendría una clara comprensión de su naturaleza y se reconocería a sí mismo como lo que es; evitando de este modo ser alienado en sociedad.

Si el sujeto no se conociera a sí mismo, sería alienado por la sociedad, y por esta razón es que se puede establecer que la alienación es indicador de la falsa identidad.

Por otra parte, Rousseau propone que el conocimiento de la naturaleza es lo que va a impedir que el hombre sea alienado en sociedad y por eso ha educado a su Emilio en base a este conocimiento.

Rousseau le va a enseñar a su alumno a comprender y a sentir lo que es, y es a través de esta instrucción que el educando va a adoptar una identidad de alma, puesto que va a saber cuál es su verdadera naturaleza, su yo real.

A raíz de esta identidad, el educando no va a permitir que la idea de consideración origine la transmutación del amor de sí en amor propio, ya que éste se va a quedar centrado en su esencia y no va a vivir fuera de sí mismo pendiente de la opinión de los demás, tal como nos dice Rousseau en el *Emilio:*

"Él concede muy escaso valor a los juicios de los hombres para someterse a sus prejuicios y no se preocupa nada porque se le estime ... Su manera de presentarse no es ni modesta ni vana, es veraz natural" (1985, 388).

A razón de esto, Emilio no quiere buscar para nada la consideración de los demás, él prefiere no ser distinguido de ningún modo por las personas que le rodean, puesto que su felicidad no radica en sentirse superior a otros sino en estar consigo mismo, con su esencia.[40]

---

[40] Con respecto a esto Rousseau, nos dice que su educando "lejos de atacar las maneras de los demás, se adapta a ellas bastante gustoso, no por parecer enterado de los usos, ni por aceptar los aires de un hombre cortés, sino al contrario, por temor a que le distingamos, para evitar ser percibido; y jamás se encuentra más cómodo que cuando no se le considera" (1985, 389).

De esta forma se evitaría caer en el juego de superioridad e inferioridad, ya que el individuo centrado en su esencia reconoce que no hay ni superior ni inferior, sino que existe una igualdad esencial que los une a todos.

A raíz de esta conciencia de igualdad que el individuo va a adoptar no se va a originar ningún sentimiento de superioridad o inferioridad, o sea que no se va a permitir ni que la vanidad o la envidia ocupen espacio en sus emociones, sino que se va a desarrollar un sentimiento de amor hacia los demás seres humanos que, al igual que él, forman parte de la misma unidad y, por ende, va a promover el bien de todas las partes que integran la misma unidad esencial.

Por consiguiente, la idea de consideración fue neutralizada por la identidad que adoptó el educando, dejando en claro que en ausencia de esta identidad de alma y en presencia de una falsa identidad la idea de consideración no hubiese sido neutralizada, así como no fue neutralizada al principio de todo, ocasionando las diversas desigualdades que contribuyeron a la corrupción de la sociedad.

Por lo tanto, Rousseau señala explícitamente como la primera fuente de la desigualdad la idea de consideración, pero haciendo una lectura más profunda y sosteniendo el vínculo entre las dos obras se puede deducir que, implícitamente, la primera fuente de la desigualdad es la falsa identidad y no la idea de consideración.

Y además de ser la primera fuente de la desigualdad es el motivo de desarrollo del pensamiento rousseauniano y el puente de conexión entre las dos obras.

Con respecto a esto, voy a presentar a continuación una sección en la cual voy a hablar sobre la conexión entre el *Emilio* y el *Segundo Discurso*, complementando mi propia interpretación con la interpretación de otros autores.

La falsa identidad como tema de conexión
entre el *Segundo Discurso* y el *Emilio*

Rousseau en su *Segundo Discurso* nos presenta una genealogía de la corrupción del hombre que va del puro estado de naturaleza hasta el estado civil. Esta corrupción es una implicancia de la alienación que sufrió el hombre, la cual a su vez es un resultado de la ignorancia que tiene el individuo de su naturaleza. Esta ignorancia fundamental implica que el hombre no se reconoce a sí mismo como lo que es y por esta razón es que adopta una falsa identidad de sí mismo. A razón de esto, Rousseau lo que hace es denunciar la corrupción en el estado civil y la ignorancia fundamental y la falsa identidad que la han generado.

Como respuesta a la corrupción que aqueja al hombre civil, Rousseau va a presentar en el *Emilio* un proyecto educativo que sirva para combatir la alienación que se ha instalado en la sociedad, instruyendo a las futuras generaciones sobre la naturaleza humana y la verdadera identidad del hombre.[41]

Habiendo demostrado en la sección anterior que la alienación es indicador de la falsa identidad, queda demostrado también cuál es la intención que guía el desarrollo de estas dos obras.

En el *Segundo Discurso* se denuncia la alienación del hombre civil, y en el *Emilio* se intenta erradicar la alienación por medio de una educación que se sustenta en el conocimiento de nuestra naturaleza.

Dado que la alienación es indicador de la falsa identidad, en la primera obra se denuncia la falsa identidad que domina al hombre civil y en la segunda obra se plantea una solución al problema de la falsa identidad por medio de una correcta educación que permita a las futuras generaciones adoptar una identidad acorde a su naturaleza para poder evitar el influjo negativo de la alienación social.

---

[41]   Esta continuidad que se postula entre el *Segundo Discurso* y el *Emilio* es afirmada por Rodolfo Mondolfo sosteniendo que el *Segundo Discurso* es el preludio y la introducción necesaria para el *Contrato Social* y el *Emilio* (1962, 15).

De este modo, Rousseau en el *Segundo Discurso* critica al hombre civil por su comportamiento antinatural, contrastando al mismo con el hombre en el estado de naturaleza que desarrolla su comportamiento acorde a los dictámenes del sentir natural. En base a este conocimiento de la naturaleza del hombre, que nos presenta en esta primera obra, va a fundar una pedagogía (*Emilio*) que esté orientada hacia la obtención de dos objetivos: el primero consiste en formar al hombre natural para que pueda vivir en la sociedad sin ser alienado, y el segundo consiste en sentar las bases para la construcción de una sociedad política ideal cuya legitimidad se fundamente sobre la naturaleza del hombre y, por ende, sea expresión visible de tal naturaleza.[42]

De esta forma, el combate que lleva a cabo Rousseau contra la falsa identidad no es solamente a nivel individual sino también a nivel colectivo, dado que la alienación se debe no a una falla inevitable de la naturaleza humana sino a un determinado desarrollo de la estructura social y de la interrelación social que sustenta ese modo de vida (Aramberri 1980, 112).

En resumen, la falsa identidad puede ser vista como uno de los temas que dirige la producción filosófica de Rousseau en torno a estas dos obras, que son el *Segundo Discurso* y el *Emilio*, marcando una conexión específica que se sustenta en un concepto que es sumamente relevante en el desarrollo de ambas y, a su vez, es indicador de la falsa identidad: la alienación.

A razón de esto, se sostiene aquí una continuidad en el pensamiento rousseauniano gracias a la presencia de la falsa identidad como eje vinculador entre las dos obras, siendo este tema el que guía la reforma que impulsa Rousseau a través de la crítica social y la pedagogía.

---

[42]   Con respecto a esto, Moreau sostiene que una "teoría de la educación se apoya en una psicología, en un conocimiento de cómo es el hombre; pero desemboca en una ética y en una política, en una concepción del hombre ideal y de la sociedad en la que debe integrarse. Éste es el ideal que definirá el *Contrato Social*, del que el *Emilio* da, en su último libro, un resumen; el *Segundo Discurso* se ocupa del estudio del hombre real; y es en la psicología del *Segundo Discurso* que se funda la pedagogía del *Emilio*" (1977, 22).

Con respecto a esto, Moreau señala como temática de relación entre las dos obras a "la reforma", a la cual yo me adhiero, y además sostengo que el elemento conductor de la misma es la falsa identidad y la ignorancia fundamental.[43]

Por otra parte, Dotti (1991) señala que Rousseau "aspira a ser tanto el analista que describe científicamente un proceso y sus resultados, como el fiscal que acusa –desde el tribunal de la política– la sociedad cuya ley de movimiento ha revelado. El nexo entre los dos polos de esta actitud (investigador-reformador) se regula sobre la base del motivo de la naturalidad ausente" (26).

A mi entender el motivo de la ausencia de naturalidad, como sostiene Dotti, se complementa perfectamente con el tema de la ignorancia fundamental. En el prefacio del *Segundo Discurso* Rousseau comienza diciendo que "el más útil y el menos avanzado de los conocimientos humanos me parece ser el del hombre ..." (2003, 269). Para Rousseau no hay conocimiento más preciado que el de uno mismo, y es a partir de este conocimiento que va a emprender una crítica feroz sobre el hombre civil, señalando su corrupción y su ignorancia.

Me parece correcto hacer una lectura reformista, pero es importante señalar que un elemento relevante de esta intención reformista es la ignorancia fundamental, la cual está intrínsecamente ligada con la corrupción del hombre, es decir, con el alejamiento del hombre de su naturaleza.

Este alejamiento expresa que el hombre no se reconoce a sí mismo como lo que es, y es este punto el que sostengo como tema de conexión entre las dos obras.

Por otra parte, Jean Starobinski (1983) nos advierte acerca de la unidad de intención con la que trabaja Rousseau y ésta es "... la salvaguardia o restitución de la transparencia comprometida" (23). Con respecto a la transparencia, el autor se refiere a que no hay diferencias entre ser y parecer:

---

[43] Según Moreau, "la obra de Rousseau ... debe estudiarse como una empresa de reforma y educación" (1977, 21).

"los hombres se muestran y son vistos tal como son. Las apariencias exteriores no son obstáculos, sino espejos fieles donde las conciencias se reencuentran y se ponen de acuerdo" (Starobinski 1983, 22). Pero este "reencuentro de conciencias" implica que "basta con ser sincero, con ser uno mismo, y en adelante el hombre de la naturaleza ya no es el lejano arquetipo ... ; coincide con mi propia presencia, con mi propia existencia" (Starobinski 1983, 30).

Esto quiere decir que la transparencia y el reencuentro de las conciencias se alcanzan cuando se es uno mismo. Este ser uno mismo quiere decir para Starobinski que se es uno con la naturaleza, y por esta razón es que su postura se complementa con la que sostiene este trabajo; dado que para ser uno con la naturaleza es necesario erradicar la ignorancia fundamental y la falsa identidad que ésta implica, de modo tal que se logre el reencuentro de las conciencias.

Con respecto al tema de la conciencia, Rodolfo Mondolfo va a sostener que el enemigo que va a enfrentar Rousseau es la pérdida de la conciencia, problema que es expresado por este autor del siguiente modo:

"He aquí el mal, he aquí el enemigo por combatir: la pérdida de la conciencia, a la que es conducido el hombre por el culto de los refinamientos, de las mentiras convencionales, de la ostentación de la inteligencia y la cultura, en los cuales se busca la admiración del prójimo más que la satisfacción de la propia conciencia" (1962, 25).

En esta cita, el autor señala cómo el hombre se aleja de la voz de su alma (conciencia) a raíz de vivir bajo una cultura alienante, que hace a la especie humana dependiente de la estima pública, a fin de alcanzar una falsa satisfacción que proviene de la consideración de los demás.

El mal que se combate es esa cultura alienante, la cual es producto de la falsa identidad que gobierna a los hombres que son ignorantes de su propia naturaleza y que, por ende, no pueden escuchar a la voz de su propia esencia.

Esta naturaleza original interior, que es divina y trascendental, presenta una serie de cualidades originales, entre las cuales se encuentra la bondad.[44] Estas cualidades primitivas son las que presenta el hombre en el "Estado de Naturaleza", el cual Rousseau esquematiza a partir de un trabajo especulativo fundamentado en su visión introspectiva.

Con respecto a este último punto, Bernhard Groethuysen (1985) señala que "en Rousseau, el hombre natural no ha nacido únicamente de necesidades constructivas que la especulación podría satisfacer, sino además, y ante todo, de la búsqueda de una realidad interior que él pueda oponer al mundo ficticio de la ideología social, del esfuerzo que hizo para encontrarse a sí mismo en un mundo que él sentía que le era hostil" (12).

De esta forma, Rousseau fundamenta la creación del hombre natural en el conocimiento de su propia naturaleza, lo cual nos muestra que es muy importante para él su experiencia interior a la hora de hablar sobre la naturaleza del hombre.

Con respecto a esto, Rousseau en sus *Confesiones* (1996) nos dice lo siguiente: "Quiero mostrar a mis semejantes a un hombre en su verdadera naturaleza, y ese hombre seré yo" (3).[45] De esta forma, él se presenta ante la sociedad corrupta como la máxima expresión de la naturaleza humana y el modelo de hombre que se tiene que imitar para vivir bien consigo mismo y con los demás.

Cabe destacar que Rousseau se refiere al resto de los seres humanos como si fueran semejantes a él, dado que su comprensión de su propia naturaleza le permite identificarse con los de su misma especie.

---

[44] A raíz de esta discusión es importante señalar que cuando Rousseau habla de nuestra naturaleza se refiere a nuestra interioridad más profunda y trascendental. De acuerdo con esto, Rodolfo Mondolfo (1962) sostiene que "quien separe el sentimiento místico de la naturaleza del sentimiento de la interioridad renuncia a comprender a Rousseau ..." (33), dejando en claro que el sentimiento de nuestra naturaleza es una experiencia interior trascendental.

[45] Cabe mencionar que la primera publicación de las *Confesiones* se sitúa entre los años 1782 y 1789 (Dent 1992, 55).

Esta idea es expresada con mucha claridad por él cuando en sus *Confesiones* dice: "Siento mi corazón y conozco a los hombres" (1996, 3), dejando en claro que por medio del sentimiento de su propia naturaleza puede conocer la naturaleza del resto de los hombres.

Este fuerte supuesto de igualdad y de unidad, que sustenta Rousseau en su propio sentir más profundo, le ha permitido erigir una estructura de pensamiento muy crítica acerca de la forma de vida del hombre civil. La civilización y el avance de las luces no han contribuido a que la especie humana pudiera recrear las relaciones sociales en base a la genuina naturaleza del hombre. Los falsos conocimientos que se han promovido en la sociedad han alejado al hombre de su propia naturaleza y han instaurado un modo de vida alienante acorde a un juego de superioridad e inferioridad. La felicidad que se espera obtener en este juego es la que busca el amor propio, que conduce al hombre por la senda de la competencia y rivalidad con el prójimo a fin de ser recompensado por la estima pública.

Este tipo de felicidad va a ser condenada por Rousseau en su *Discurso sobre las ciencias y las artes* (2003) haciendo la siguiente pregunta: "¿Por qué buscar nuestra felicidad en la opinión de los demás si podemos encontrarla en nosotros mismos?" (246).[46]

De esta forma, Rousseau va a repudiar una forma de vida que sigue una lógica distinta a la que invoca él, dado que no es un ignorante de la naturaleza del hombre y por esta razón es que en su actuar obra con un principio distinto y opuesto al de sus contemporáneos (Groethuysen 1985, 15).

A razón de esto, Rousseau se presenta ante todos como la expresión visible de la naturaleza que levanta su espada en contra de la sociedad corrupta que ha enceguecido a los seres humanos imponiendo en sus mentes una falsa concepción de lo que es el hombre.

---

[46] El *Discurso sobre las ciencias y las artes (Primer Discurso)* fue publicado por primera vez en 1750 (Dent 1992, 95).

A raíz de este conocimiento de su naturaleza Rousseau reconoce lo que es, tiene conciencia de lo que verdaderamente es, a diferencia de sus contemporáneos que viven una vida miserable gracias a la falsa identidad que tienen.[47]

Con respecto a esto, Groethuysen señala que "toda la actitud filosófica de Rousseau está dominada por la necesidad de reconocerse ..." (1985, 12), y por eso es que el conocimiento de uno mismo es tan fundamental para Rousseau, y es el arma que utiliza para criticar al resto de los hombres que habitan en la sociedad y que siguen en su obrar un principio distinto al que sigue él; puesto que ellos son unos ignorantes fundamentales que no saben lo que son, distinto de Jean Jacques que no es ningún ignorante de su naturaleza y sabe lo que es.

En vista de la postura que sostiene Groethuysen sobre la actitud filosófica de Rousseau, estoy de acuerdo, dado que de esa actitud se infiere su motivo de desarrollo filosófico: la ignorancia fundamental y la falsa identidad que ésta implica.

Por otra parte, Joshua Mitchell (1993) va a seguir una postura semejante a la que acuña Groethuysen marcando la necesidad que tuvo Rousseau de conocerse a sí mismo y de encontrarse con su ser, su alma:

> "La de Rousseau es una búsqueda por lo que está 'más oculto y más presente', por esa medida silenciosa que confirma nuestra falibilidad incluso cuando, en su tono susurrante, nos implora urgentemente que retornemos al terreno del alma" (98).[vii]

Esta búsqueda de lo "más oculto y más presente" que señala Mitchell es fundamental para Rousseau, que anhela reconocerse a sí mismo, su alma. Por esta razón es que Rousseau, una vez que supo reconocerse a

---

[47]   En las *Reflexiones de un paseante solitario* (2003) Rousseau, al principio de la obra, se dice a sí mismo lo siguiente: "... ¿Qué soy yo mismo, desligado de ellos y de cuanto me rodea? Tal es lo que me queda por buscar" (7). Esta necesidad por encontrarse a sí mismo va a ser crucial para comprender la dirección que sigue su desarrollo filosófico, y además para entender por qué es tan importante el tema de la identidad en las obras que estamos analizando.

sí mismo, adoptó una identidad distinta a la que tenían el resto de sus contemporáneos, una identidad de alma.

A raíz de este reconocimiento de su naturaleza es que Jean Jacques nos implora urgentemente que regresemos a nuestro ser interior, nuestra alma, dado que él reconoce que la verdadera felicidad del hombre se encuentra en su interior, tal como nos comenta en sus *Reflexiones de un paseante solitario*:

"... hay un estado donde el alma encuentra un asiento bastante sólido para descansar en él toda entera y reunir allí todo su ser ... ; donde el tiempo no sea nada para ella; donde el presente dure siempre, pero sin notar su duración y sin ninguna traza de sucesión, sin algún otro sentimiento de privación o de goce, de placer o de pena, de deseo o de temor, como no sea el sentimiento de nuestra existencia y que este sólo sentimiento pueda llenarla toda entera; mientras dura tal estado, el que se encuentre en él puede llamarse dichoso ..." (2003, 50).[48]

De esta forma, Rousseau encuentra en la profundidad de su ser una dicha verdadera que no puede ser alterada por ningún comportamiento externo, y que corresponde con la identidad de alma que él tiene y que lo diferencia de sus contemporáneos.

Por esta razón es que Rousseau va a criticar y denunciar la ignorancia fundamental que existe en la sociedad y va a intentar erradicar la falsa identidad que esta implica por medio de la educación que propone en el *Emilio*, una educación que se sustenta en el conocimiento de la naturaleza del hombre.

En conclusión, la falsa identidad resultó ser un tema pertinente para vincular a ambos libros utilizando como indicador de dicho tema a la alienación, siendo este un concepto que se presenta y desarrolla ampliamente en las dos obras.

---

[48] Cabe mencionar que las *Reflexiones de un paseante solitario* se publicó por primera vez en 1780 (Dent 1992, 207).

Si bien es cierto que explícitamente Rousseau no dice nada con respecto a la falsa identidad, es trabajo del intérprete hacer una lectura profunda de ambas obras y encontrar aquel tema que sirva para ilustrar una visión referida a la dirección implícita que sigue el desarrollo filosófico, y que es adecuada con la filosofía de vida que nos presenta Jean Jacques.

Conclusión

Denunciar y reformar constituyen las dos intenciones principales que unen a estos dos libros que fueron escritos por Rousseau y que establecen una visión sobre cómo era la sociedad europea del siglo XVIII y cómo debería haber sido esa sociedad dada la verdadera naturaleza del ser humano.

En el *Segundo Discurso*, Rousseau denuncia la alienación que condujo al hombre civil a vivir fuera de sí mismo, pendiente de la opinión de los demás y alejado de su naturaleza interior. Esta corrupción que padece el hombre social se debe a la transmutación del amor de sí en amor propio, siendo esta cualidad la que lo llevó al hombre a buscar la consideración de los demás. Para lograr este objetivo fue necesario ser superior o aparentar serlo, para así ser evaluado positivamente por la opinión pública.

De esta forma, el amor propio produjo en el hombre una serie de vicios relacionados con la superioridad y la inferioridad, como son la vanidad y el desprecio para el primer caso y la envidia y la vergüenza para el segundo caso.

Estos vicios ocasionaron grandes disputas y conflictos entre los seres humanos que tenían su raíz en las diferencias que existían entre ellos, y que resultaban ser la materia prima necesaria para hacer las comparaciones y establecer las diferencias de valor.

Esta lógica de interacción propia de un juego de superioridad e inferioridad fue producida, según Rousseau, por la idea de consideración, la cual resultó ser la primera fuente de las desigualdades entre los hombres.

Dadas ciertas circunstancias históricas y siguiendo esta lógica de interacción social se generaron tres instituciones que incrementaron las desigualdades entre los individuos y condenaron a la especie humana a vivir de forma miserable.

Según el orden cronológico de sucesión, la primera institución fue la propiedad, la segunda fue la magistratura y la tercera fue la del poder arbitrario. Estas instituciones ocasionaron respectivamente las diferencias de ricos y pobres, las de poderosos y débiles, y por último las de amo y esclavo (Rousseau 2003, 357).

Todas estas diferencias condenaron la libertad y la independencia natural que gozaba el hombre antes de que todas estas revoluciones se sucedieran y, por ende, antes de que la idea de consideración se hubiera gestado en la mente de los hombres, que fue la que generó todas estas desigualdades.

El hombre en el estado de naturaleza que esquematiza Rousseau presenta una serie de cualidades naturales, como la piedad, que luego van a ser reprimidas con la evolución de las luces y de esta forma es que el hombre va a sufrir un alejamiento con respecto a su naturaleza.

Esto queda claramente demostrado desde el momento en que Rousseau compara al hombre en el estado de naturaleza con el hombre característico del estado civil y evalúa las diferencias y el grado de corrupción que ha alcanzado el ser humano en sociedad.

A razón de esto, Rousseau denuncia la corrupción del hombre civil y la educación distorsiva que la ha generado dentro de la sociedad. El carácter distorsivo se debe a que se inculca al ser humano una forma de vida que no da espacio para que las cualidades naturales del hombre se puedan expresar. De esta forma no se produce una correcta racionalización de la naturaleza del hombre y, por tal motivo, el individuo no puede expresar y seguir lo que la naturaleza bondadosa le dice que haga.

Además, esta errónea educación sitúa la felicidad en el afuera, en la búsqueda de la preferencia de los demás y, por ende, en la búsqueda de la superioridad en algún aspecto. Este tipo de felicidad propia de una cultura alienante no es una felicidad genuina y duradera como la que la naturaleza nos brinda al estar en contacto con ella.

Esta dicha que siente uno al estar en contacto con su naturaleza interior es la dicha que experimentó Rousseau y nos comenta en sus obras autobiográficas, y es justamente el tipo de felicidad que espera que los seres humanos puedan disfrutar una vez que hayan dejado de ser unos ignorantes de su naturaleza.

Es a raíz de esta ignorancia fundamental que el hombre civil va a adoptar una falsa identidad de sí mismo, puesto que se va a reconocer a sí mismo como algo que no es y, por ende, va a vivir fuera de sí mismo buscando ser superior cuando en realidad no lo es, dado que es igual en esencia al resto de los seres humanos.

Esta falsa identidad ha hecho posible que el ser humano se pueda percibir como distinto a los de su misma especie, ocasionando las diferencias de valor que nunca se tendrían que haber producido de haberse sabido cuál es la verdadera naturaleza del ser humano.

La verdadera naturaleza del hombre se corresponde con la igualdad y la unidad, y no con la desigualdad y la división. De esta manera, el individuo que es educado de acuerdo a su verdadera naturaleza va a comprender la igualdad que existe entre todos, como almas, y va a comprender también la común participación en la unidad que las engloba y les imprime esa igualdad, que es la naturaleza divina.

Esta identidad de alma que se pretende formar a raíz de una correcta educación, sustentada en el conocimiento de la naturaleza del hombre, es lo que va a proponer Rousseau en el *Emilio*. De este modo, el ginebrino va a desarrollar un proyecto educativo que le enseñe al educando lo que es, su alma, con el fin de que la comprensión de su naturaleza lo mantenga alejado del juego alienante de superioridad e inferioridad, una vez que éste se haya insertado en la sociedad.

Esta comprensión de su naturaleza se manifiesta en una conciencia de igualdad que evita que éste busque la consideración de los demás y de este modo participe del juego alienante de superioridad e inferioridad. De esta forma, Emilio puede disfrutar de estos conocimientos sobre su naturaleza gracias a la religión natural que el vicario saboyardo le enseñó.

Esta religión natural, que expresa un cuerpo de ideas relativo a la metafísica de la naturaleza, es la instrucción necesaria que se le brindará al educando para que pueda desarrollar un comportamiento moral apropiado, a fin de que éste pueda relacionarse sanamente con sus semejantes sin ser alienado.

Este comportamiento moral va a ser dirigido por la conciencia del individuo, o sea por la voz de su alma, la cual siempre lo va a conducir hacia el bien. Una vez que la razón ha incorporado las nociones del bien y del mal, la conciencia siempre va a amar al bien y el hombre que se deje llevar por su voz va a ser conducido por el camino correcto.

De esta forma, la enseñanza moral va a estar supeditada al conocimiento sobre la naturaleza del hombre, y por esta razón se espera que el alumno sea capaz de expresar en su relación con los demás el flujo bondadoso de su naturaleza.

A razón de esto, la identidad de alma que va a adoptar el educando a partir de las enseñanzas de la religión natural va a implicar que el alumno tome conciencia de la unidad esencial de la que forma parte y, por ende, de la igualdad esencial que existe entre todas las almas que forman parte de la misma.

El alumno reconoce que es un alma que habita en un determinado cuerpo y que a través de éste puede interactuar con las otras almas en sus respectivos cuerpos. Por medio de este vehículo el alma puede percibir y participar del mundo fenoménico y, por ende, interactuar con otros seres humanos, o sea, con otras almas en sus respectivos cuerpos.

Pero lo importante es que el educando va a fundamentar este conocimiento en un sentir; y es por medio del sentimiento de nuestra interioridad más profunda que el educando va a comprender su naturaleza y la de Dios; y, por ende, la igualdad y la unidad que existe entre todos los seres humanos.

Este sentir no solamente le va a permitir fundamentar el conocimiento que tenga sobre su naturaleza, sino también va a poder experimentar una dicha muy profunda que en nada se parece a la felicidad que se obtiene en el juego alienante de superioridad e inferioridad.

De esta forma, Rousseau propone reformar desde la educación la concepción que tiene el individuo sobre sí mismo y sobre los demás y, por ende, generar una modificación sustancial de las relaciones sociales.

Cabe destacar que un solo individuo no puede generar un cambio radical de las relaciones sociales, pero un número importante de personas que se hayan educado de acuerdo a estos parámetros podrán imponer una forma de vida distinta a la que sigue el alienado hombre civil.

Por eso mismo, la reforma que propone Rousseau no se acaba en el individuo, sino que se dirige fundamentalmente a la sociedad política.

A razón de esto, Jean Jacques nos comenta al final del *Emilio* cómo él concibe a la sociedad política ideal, cuyas bases se constituyen a partir del conocimiento de la naturaleza del hombre.

De esta manera es que Rousseau nos va a presentar una fórmula política que consagra la libertad y la igualdad como los principios básicos que deben servir para dar forma a este cuerpo político y social que se va a constituir a partir de un contrato.

Este contrato representa un acto de asociación a través del cual todos se alienan por completo hacia una voluntad común, que será la que tome las decisiones políticas que beneficien a todo el cuerpo.

De esta forma cada uno se entrega por completo a la voluntad general que será la encargada de proveer aquellos bienes necesarios para todo el cuerpo.

Todos los que participaron de este contrato van a actuar como si en ellos actuase toda la unidad política, de modo tal que todos los integrantes ya no son individuos aislados que promueven su propio bienestar sino que van seguir en su comportamiento las motivaciones de la voluntad general, cuyas decisiones son siempre rectas y tienden siempre a la utilidad pública.

De esta forma, el ciudadano va a actuar en base a una conciencia de unidad que lo va a orientar hacia la búsqueda del bien común, el cual coincide con su propio bien, puesto que el bien que se le propicie a la unidad va a repercutir positivamente sobre su persona.

Todos los ciudadanos participan por igual en la toma de decisiones políticas y se espera que a través de sus voluntades particulares expresen la intención de toda la unidad.

Por eso mismo, Rousseau condena la formación de asociaciones parciales que puedan obstaculizar la genuina manifestación de la voluntad general, puesto que éstas reducen el número de diferencias dentro de la asamblea y del menor número de diferencias se va a producir un resultado menos general.

Por esta razón, Rousseau defiende la autonomía política de todos los ciudadanos a fin de que se pueda conservar el mayor número de diferencias y, como consecuencia, el resultado sea lo más semejante posible a la decisión de la voluntad general.

Para lograr esto es necesario que los ciudadanos conserven una conciencia de unidad, a fin de que la voluntad particular se identifique con la voluntad general y, de esta forma, cada uno pueda ejercer su influencia política a favor del bien común.

De esta manera queda claramente demostrada la incidencia que tuvo la configuración de la identidad en la construcción de una sociedad política ideal.

Según la fórmula del contrato social, todos los hombres ceden en común sus bienes, su persona, su vida y toda su potencia, bajo la suprema dirección de la voluntad general, y cada uno se identifica con el cuerpo político como parte indivisible del todo (Rousseau 1985, 532). De esta forma, cada ciudadano va a actuar como si en él actuase todo el cuerpo político, de modo tal que el yo individual es sustituido por el yo colectivo, a razón de la conciencia de unidad que el sujeto habrá de adoptar y la cual va a permitir que se manifieste en él la voluntad general.

Las condiciones del pacto nos permiten inferir que los hombres que se asocian no son ignorantes de su naturaleza, sino que es en base al conocimiento de la naturaleza que Rousseau esquematiza una situación hipotética en la cual se materializa políticamente la realidad trascendental que nos une a todos y nos posiciona en la vida como iguales entre sí.

Esta identidad que asume el ciudadano, esta conciencia de unidad, es semejante a la que adopta Emilio a partir de las enseñanzas de la religión natural. Por eso mismo, se podría establecer una correlación entre el modelo divino y el modelo político.

De acuerdo con esta perspectiva, Rousseau parte de lo individual para poder llegar a lo colectivo; hay que primero reformar la perspectiva del individuo sobre sí mismo y sobre los demás para generar ese cambio estructural que es indispensable para que la naturaleza del ser humano se pueda manifestar en toda su bondad y pueda hacer de la interacción social un intercambio pacífico y armonioso, y no un intercambio agresivo y competitivo como promueve el modo de vida alienante.

Este intercambio pacífico y armonioso se podrá establecer gracias a la identidad de alma que el sujeto habrá adoptado por medio de una correcta racionalización de su naturaleza, la cual habrá de conducirlo por el camino del bien.

A este ideal de ser humano es al que pretende llegar Rousseau combatiendo la ignorancia fundamental y la falsa identidad que esta implica. Esta falsa identidad que se corresponde con el hombre alienado es la que denuncia Rousseau en el *Segundo Discurso*, y va a ser reformada en el *Emilio* por medio de una educación que se sustenta en el conocimiento de la naturaleza humana, la cual va a servir para que la persona pueda comprender su verdadera identidad, su identidad de alma.

Por lo tanto, Rousseau lo que hace es denunciar y reformar la interacción social alienante y, por ende, emprende una lucha contra la ignorancia fundamental y la falsa identidad que han ocasionado este modo de vida corrupto; siendo estos dos últimos factores los elementos determinantes para la motivación que dirige a Jean Jacques en su empresa filosófica de reforma pedagógica y social.

Corolario: Teoría del juego de superioridad e inferioridad

El juego de superioridad e inferioridad consiste en una lógica de interacción que induce a los individuos a buscar la superioridad con respecto a otros.

Este juego es característico de una cultura alienante en la que predomina el amor propio que conduce a los sujetos hacia la obtención de la distinción y la preferencia de los demás.[49]

Esta actitud de buscar el sentimiento de superioridad nos remite a una relación con los demás caracterizada por la competencia y la rivalidad.

Cabe destacar que esta relación conflictiva nace de las comparaciones que hacemos con los demás sustentadas en las diferencias físicas, de talentos, de posesiones materiales, de prestigio, de poder y otras.

Estas diferencias se encuentran en un nivel superficial de la vida, a través del cual los seres humanos acceden al juego de superioridad e inferioridad.

Existen dos niveles distintos desde los cuales los seres humanos pueden interactuar con sus semejantes: el nivel superficial y el nivel esencial.

A través del primero, el individuo interactúa con sus semejantes teniendo una falsa identidad de sí mismo (identidad perceptiva) y, por ende, aceptando las diferencias perceptibles como fuente de las comparaciones y de las diferencias de valor.

A través del nivel esencial, en cambio, el individuo interactúa con sus semejantes teniendo una verdadera identidad de sí mismo (una identidad de alma), y por tal razón comprende la igualdad esencial que existe entre los seres humanos, y por ende la igualdad de valor que existe entre todos.

---

[49] Cabe mencionar que la lógica de interacción depende de la identidad del individuo y, por ende, de la perspectiva que adopte en la interacción con los demás.

Cabe mencionar que en el nivel superficial la autoestima va a oscilar entre la superioridad y la inferioridad sin poder mantenerse en un punto intermedio de manera estable, y por tal razón esta situación es un fenómeno de equilibrio inestable.[50]

Por otra parte, en el nivel esencial la autoestima no va a oscilar entre la superioridad y la inferioridad, sino que se va a mantener en un punto intermedio de manera estable, y por tal razón esta situación es un fenómeno de equilibrio estable.

De esta forma, el individuo que interactúa desde un nivel superficial implica que va a aceptar las diferencias superficiales y va a participar del juego de superioridad e inferioridad.

El individuo que interactúa en este nivel posee una identidad perceptiva que se basa en los roles sociales, en la posición socio-económica y en el cuerpo biológico. De esta manera, el sujeto identifica su verdadera identidad dentro del mundo sensorial y en la estructura de relaciones sociales.

Por esta razón, el individuo que posee este tipo de identidad no puede neutralizar los efectos negativos de la idea de consideración que lo conduce a vivir fuera de sí mismo dependiendo de la opinión ajena que nada más puede juzgar y comparar lo que no es esencial.

Con respecto a esto, nuestra esencia es algo que no podemos percibir, puesto que no nos hallamos dentro del mundo sensorial. Por eso mismo,

---

[50]   Cuando la autoestima se encuentra en un punto intermedio, quiere decir que está en un nivel normal, o sea en un punto de equilibrio entre el nivel superior y el nivel inferior, en el cual el sujeto no va a desarrollar ningún vicio y se va a relacionar de manera armoniosa con su entorno.

De esta forma, cuando la autoestima se mantiene constante en un nivel normal, se trata de una situación de equilibrio estable propia del nivel de interacción esencial.

Por otro lado, cuando la autoestima oscila entre el nivel superior e inferior sin permanecer constante en un nivel normal, se trata de una situación de equilibrio inestable propia del nivel de interacción superficial.

es difícil para la persona que no sabe lo que es identificarse con algo que no percibe, pero que sí puede sentir en su intimidad más profunda. En general, el ser humano se identifica con aquello que puede confirmar a través de sus sentidos, y por esta razón cae en la ignorancia más profunda de creer que es algo que no es.[51]

Dado que el valor propio está asociado a lo que creemos que somos, siguiendo una lógica de comportamiento acorde a una identidad perceptiva, nuestra autoestima va a oscilar entre la superioridad e inferioridad sin poder encontrar un equilibrio estable. La inestabilidad se debe a que el valor propio va a oscilar a razón de las diferencias superficiales que se corresponden con nuestra identidad, y que sirven de materia prima para las comparaciones y las diferencias de valor.

De este modo, el individuo que posea una falsa identidad va a conducirse en la interacción social de acuerdo a las valoraciones relativas que se puedan desarrollar en un determinado momento.

La valoración relativa es el resultado de la comparación que el sujeto realiza con otro respecto a una característica. Si se trata de una característica positiva, quien presente un grado mayor de la misma se va a sentir superior con respecto al otro. Por ejemplo, si se trata de medir quién es el más fuerte, aquel que entre los dos se destaque en esa característica va a incrementar su autoestima con relación al otro que tiene menos fuerza. Como contrapartida, aquel sujeto que tiene menos fuerza va a sentirse inferior y va a descender su autoestima con relación al otro.

Como corolario de esto, el sujeto que se sienta superior en ese aspecto está en condiciones de desarrollar la vanidad y/o el desprecio con respecto al otro individuo; y este último, que se siente inferior, está en condiciones de desarrollar la envidia y/o la vergüenza con respecto al primero.

---

[51] Esta ignorancia fundamental es justamente la que condena Rousseau en varios de sus escritos, principalmente en sus obras autobiográficas.

Estos vicios resultantes de la comparación pueden engendrar una relación hostil entre ellos, hasta llegar, posiblemente, a ocasionar la muerte, tal como nos ilustra Rousseau en este párrafo:

"Así al castigar cada uno el desprecio que se le había demostrado de una manera proporcionada a la importancia que él mismo se daba, las venganzas llegaron a ser terribles, y los hombres sanguinarios y crueles" (2003, 332).

Por lo tanto, parece que el hecho de hacer depender nuestro valor propio a los resultados de las comparaciones hace posible la existencia de desigualdades de valor entre los seres humanos.

De esta manera, el valor propio se va a mantener en un equilibrio inestable debido a la falsa identidad que tiene el hombre, ya que la misma lo conduce a interactuar con sus semejantes guiado por el amor propio que ha engendrado la idea de consideración.

Esta idea de consideración produce sus efectos negativos en la interacción social a razón de que el hombre no comprende su verdadera naturaleza y, por ende, se dirige por la vida con una falsa identidad de sí mismo, la cual hace depender la valoración propia de las diferencias superficiales, de modo tal que la autoestima va a oscilar entre la superioridad e inferioridad sin poder encontrar un equilibrio estable.

De esta forma, la falta de comprensión de nuestra naturaleza no nos permite identificar la igualdad esencial que existe entre todos los seres humanos y, de este modo, neutralizar los efectos alienantes de la idea de consideración, que nos conduce a compararnos con el afuera según las diferencias superficiales que se pueden percibir entre nosotros.

Son estas diferencias superficiales perceptibles las que permiten que el hombre se pueda comparar con sus semejantes y alterar de este modo su autoestima de manera favorable o desfavorable. Será favorable si resulta ser superior en algún aspecto positivo con respecto al otro, o desfavorable si resulta ser inferior en ese mismo aspecto. Para lograr la superioridad hay que competir y perjudicar a aquellos que nos superan. No hay que ayudar a los demás, sino que hay que concentrarse en uno mismo y alcanzar la cima de forma tal que la estima pública responda de manera favorable ante nuestro comportamiento.

De esta manera es como el hombre logra ser feliz en esta lógica de juego de superioridad e inferioridad, puesto que ser superior y ser reconocido como tal por la opinión ajena es lo único que importa para alcanzar la meta de la felicidad. Este tipo de felicidad mantiene al hombre sujeto por siempre a los dictámenes de la opinión pública. Es una felicidad que requiere de un constante esfuerzo, puesto que hay que competir constantemente con otros que quieren también sentirse superiores.

Esta felicidad es perseguida por aquel que no ha logrado comprender lo que verdaderamente es; aquel que todavía no ha mirado hacia dentro para descubrir que la dicha no se encuentra en el afuera, sino en sentir lo que verdaderamente somos.

Una vez que el hombre comprenda lo que es, sabrá donde se encuentra la verdadera fuente de su felicidad y, a su vez, visualizará la igualdad esencial que existe entre todos.

Para poder reconocerse a sí mismo debe tornar la mirada hacia dentro y mediante la introspección hallará su verdadero ser, su verdadera naturaleza, su verdadera identidad.

Esta naturaleza es igual en todos los seres humanos; y por esta razón si tomamos conciencia de nuestra esencia, vamos a instaurar en nosotros una conciencia de igualdad.

Esta igualdad de naturaleza se debe a que todos formamos parte de la misma unidad esencial, que es la naturaleza divina y, por ende, compartimos las mismas cualidades esenciales de la unidad.

De esta forma, si tomamos conciencia de nuestra naturaleza, la cual es igual a la del resto de los humanos, nuestra mirada se va a concentrar en esta igualdad y no en las diferencias superficiales que hacen posible las comparaciones y el juego de superioridad e inferioridad.

Una vez erradicada la falsa identidad y la ignorancia fundamental, los seres humanos forjarán relaciones interpersonales armoniosas, basadas en la igualdad, y podrán interactuar desde un nivel esencial.

Los sujetos que hayan podido adoptar una identidad de alma, acorde al nivel esencial de interacción, podrán percibir a los de su misma especie no como diferentes sino como iguales, porque habrán comprendido su esencia y la del resto de sus semejantes.

Pero además, buscarán el bienestar del resto de los seres humanos, puesto que sabrán que éstos son partes de la misma unidad esencial y, por ende, si contribuyen al bienestar de una de las partes, contribuirán con el bienestar de la unidad y, por consiguiente, con el suyo.

Esta conciencia de unidad es muy importante para forjar en el individuo una genuina relación de solidaridad con sus semejantes, la cual es genuina justamente porque proviene del conocimiento de su naturaleza. Este conocimiento, que promueve una lógica de interacción solidaria y armoniosa entre los seres humanos, se fundamenta en un sentir innato y original.

La validez de este conocimiento procede de la racionalización de nuestra realidad interna y subjetiva, que nadie puede percibir, pero sí cada uno puede sentir.

Siendo todos iguales por naturaleza, el ser humano realiza un razonamiento por analogía y puede adjudicar a los mismos de su especie los rasgos naturales internos que él presenta.[52]

Por lo tanto, el hombre que logre comprender su verdadera naturaleza entenderá la naturaleza del resto de los seres humanos. De esta forma, se podrán establecer los principios que servirán de guía para la reconstrucción

---

[52]   Este método es el que utilizó Rousseau para hablar sobre la naturaleza del hombre. Analizó su propia naturaleza y luego la generalizó a toda la especie. Pero además complementó este análisis interno con la observación de los primeros impulsos de la naturaleza que manifiestan los niños en los primeros años de vida.

de la sociedad civil, que sucumbe ante una cultura alienante que no permite que el hombre mire hacia adentro y encuentre su verdadera identidad.

Hay que enseñarle al individuo a que no solamente contemple la realidad externa sino también la realidad interna, que comprenda que al contemplar su interioridad está entablando una conexión con su verdadero ser y, por ende, con una realidad que es trascendental.

Esta comprensión es necesaria para lograr un cambio en la forma como se llevan a cabo las interacciones en el medio social.

Si se logra ese cambio, nuestro valor propio no va a depender más de lo que opinen los demás, puesto que nada más se pueden juzgar las diferencias del nivel superficial, las cuales ya no afectarán a nuestra estima. La razón de esto radica en que nosotros no estaremos interactuando desde un nivel superficial, sino desde un nivel esencial, y por tal razón nuestro valor propio va a estar asociado a la igualdad esencial que sentimos que existe entre todos los seres humanos, y dado que no hay diferencias sobre las cuales se pueda comparar, nuestra estima se mantendrá en un equilibrio estable.

De esta forma, el sujeto que participe de este nivel de interacción no va a engendrar ningún vicio que lo haga actuar con hostilidad hacia los demás, sino que va a promover el bien del resto de sus semejantes, dado que éstos al igual que él forman parte de la misma unidad esencial, y es por el bien de toda la unidad que va a ser solidario con los demás.

No busca la distinción de los demás y, por tal razón, no va a competir y enfrentarse con sus semejantes, porque además de reconocer que él no es superior ni inferior a nadie, también comprende que la verdadera fuente de felicidad se encuentra en uno mismo y no en el afuera.

De esta manera, nuestro conocimiento sobre nuestra realidad interna opera un cambio sobre nuestra manera de interactuar con el afuera, de forma tal que no vamos a participar del juego alienante de superioridad e inferioridad.

A razón de esto, resulta de gran importancia que las personas sean educadas de acuerdo al conocimiento de su naturaleza, ya que se estará forjando en ellas una identidad que les permita entenderse a sí mismas y a los demás como iguales y partes de la misma unidad esencial.

De esta manera, la conciencia de igualdad les permitirá comprender que no hay diferencias esenciales, y por tal razón no puede haber diferencias de valor entre los seres humanos. Siguiendo esta comprensión el hombre no intentará competir y enfrentarse con los demás para obtener la distinción de la opinión ajena, ya que su valor propio no va a depender de la preferencia de los demás. Su autoestima no va a oscilar entre la superioridad e inferioridad que determina la regla de comparación con el entorno, sino que se va a mantener en un punto intermedio, a razón de la comprensión de su naturaleza que lo hace consciente de la igualdad espiritual que hay entre todos. Por este motivo, no se van a producir los vicios que sí se producirían si tuviera una falsa identidad de sí mismo.

Por otra parte, el individuo va a adoptar también una consciencia de unidad, que lo va a conducir a obrar bien con sus semejantes, encauzando su flujo bondadoso innato hacia las demás almas.

De esta forma, el individuo comprende el carácter trascendental de su verdadera identidad y la del resto de sus semejantes, que al igual que él son almas que interactúan en el medio social a través de sus respectivos cuerpos. Éstas forman parte de la misma unidad trascendental, cuyo bienestar depende del bienestar de cada una de las almas que interactúan entre sí a través de sus respectivos cuerpos.

Este conocimiento sobre nuestra naturaleza es indispensable para producir en la persona un cambio radical en su perspectiva de vida y en la forma en que interactuamos con el afuera.

Este razonamiento es el que se puede derivar del pensamiento rousseauniano, en cuanto a sus postulados sobre la naturaleza humana y su mirada sobre el hombre civil y la sociedad de su tiempo.

Todo este cuerpo de ideas no solamente corresponde a la sociedad europea del siglo XVIII, sino que puede ser corroborado en la sociedad contemporánea.

La crítica que hizo Rousseau a la sociedad europea de su época se puede verificar observando a nuestro alrededor y analizando cómo interactuamos entre nosotros. La cultura alienante es propia de la sociedad contemporánea, que hace al hombre buscar incesantemente la superioridad en su entorno más cercano, a fin de alcanzar una felicidad que se corresponde con una falsa identidad. La ignorancia que provoca esta falsa identidad en los individuos, y que se evidencia en la forma de vida alienante, es la que denunciaba Rousseau en su época. Esta denuncia perduró en el tiempo sin que los seres humanos pudieran tomar conciencia de la ignorancia fundamental que padecían.

Esta ignorancia se debe a la educación distorsiva que recibe el hombre en sociedad y que le inculca una identidad que no se corresponde con su yo real, su alma.

De esta forma, el sujeto, teniendo una falsa identidad de sí mismo, es conducido por la idea de consideración hacia afuera en búsqueda de la superioridad, siguiendo de este modo una lógica de interacción propia del juego de superioridad e inferioridad.

Por medio de esta lógica de interacción, los seres humanos han incrementado las desigualdades entre sí, ocasionando severos conflictos e injusticias que indicaban el grado de corrupción que la sociedad había alcanzado.

Esta corrupción ya había sido denunciada por Rousseau en el siglo XVIII y ha continuado incrementándose hasta el día de hoy.

A razón de esto es que resulta necesario reformar esta forma de vida corrupta por medio de una educación que se sustente en el conocimiento de la verdadera naturaleza del ser humano, y que sirva para que las futuras generaciones puedan comprender lo que son y adopten una identidad de alma que les permita superar la lógica de interacción del juego de superioridad e inferioridad.

Superando esta lógica no se interactúa desde un nivel superficial, sino que se accede a un nivel esencial, en el cual el individuo interactúa teniendo una identidad de alma.

De esta forma, la conciencia de igualdad y la conciencia de unidad, propias de esta identidad de alma, conducirían al ser humano por una senda de solidaridad que no se corresponde con un deber ser sino con un sentir innato.

Fue este sentir innato el que experimentó Rousseau y fue justamente gracias a esta experiencia que pudo compartir con nosotros una verdad que se encontraba oculta para el ser humano que estaba concentrado en el afuera, midiéndose y comparándose con los demás. Era necesario contemplar nuestra interioridad más profunda para reconocer que nosotros no somos distintos sino iguales y, por ende, darnos cuenta de lo equivocado que estábamos al pensar en términos de superior e inferior cuando nos observábamos.

Fue así como Rousseau comprendió lo irracional que era seguir un modo de interacción social competitivo de acuerdo con el juego de superioridad e inferioridad, y a raíz de esto denunció la ignorancia que padecían los hombres civiles y luego se dispuso a reformar esta situación por medio de una educación que permitiera al individuo no guiarse por esta lógica. Una educación que enseñará al sujeto a mirar hacia adentro y así reconocer lo que verdaderamente son los seres humanos; la igualdad y la unidad que existe entre todos.

Este cuerpo de ideas, que fue expresado aproximadamente tres siglos atrás, es el que nos sigue trasmitiendo Rousseau en el presente, ya que habremos evolucionado en algunos aspectos, pero la lógica del juego de superioridad e inferioridad ha perdurado.

La corrupción de la naturaleza humana recién será un mito cuando hayamos desarticulado en el ámbito social este juego, un juego que todavía no ha concluido y que es necesario que termine a fin de que se establezca una paz genuina entre los seres humanos.

Referencias

- Aramberri, Julio; Iglesias, María, y Luis Zuñiga. 1980. *Los orígenes de la teoría sociológica*. Madrid: Editorial Akal.
- Bernal Martínez de Soria, Aurora. 1998. *Educación del carácter/ Educación moral. Propuestas educativas de Aristóteles y Rousseau*. Navarra: Ediciones Universidad de Navarra.
- Bloom, Allan. 2000. "Jean Jacques Rousseau". En *Historia de la filosofía política*. Leo Strauss y Joseph Cropsey editores, 529-548. México D.F: Fondo de Cultura Económica.
- Colangelo, Roco. 1972. "Igualdad y sociedad de Rousseau a Marx". En *Presencia de Rousseau*, Claude Lévi-Strauss y otros editores, 189-226. Buenos Aires: Ediciones Nueva Visión.
- Dent, N. J. H. 1992. *A Rousseau dictionary*. Oxford: Blackwell Publishers.
- Dotti, Jorge. 1991. *El mundo de Juan Jacobo Rousseau*. Buenos Aires: Centro Editor de América Latina.
- Duchet, Michéle. 1984. *Antropología e historia en el siglo de las luces*. México D.F: Editorial Siglo Veintiuno.
- Durand, Sonia. 1966. *La educación en Juan Jacobo Rousseau*. Buenos Aires: Editorial Huemul.
- García-Huidobro, Joaquín. 1997. *Naturaleza y política*. Valparaíso: Edeval.
- Groethuysen, Bernhard. 1985. *J. J. Rousseau*. México, D. F: Fondo de Cultura Económica.
- Guéroult, Martial. 1972. *"Naturaleza humana y estado de naturaleza en Rousseau, Kant y Fichte"*. En *Presencia de Rousseau*, Claude Lévi-Strauss y otros editores, 141-162. Buenos Aires: Ediciones Nueva Visión.
- Höffding, Harold. 1931. *Rousseau*. Madrid: Editorial Galo Sáez.
- Keens-Soper, Maurice. 1992. "Jean-Jacques Rousseau: *The Social Contract*". En *The political classics: a guide to the essentials texts from Plato to Rousseau*. Maurice Keens-Soper y Murray Forsyth editores, 171-202. Oxford: Oxford University Press.

- Maritain, Jacques. 1986. *Tres reformadores. Lutero-Descartes-Rousseau*. Buenos Aires: Club de Lectores.
- Mitchell, Joshua. 1993. *Not by reason alone*. Chicago: The University of Chicago Press.
- Mondolfo, Rodolfo. 1962. *Rousseau y la conciencia moderna*. Buenos Aires: Eudeba.
- Moreau, Joseph. 1977. *Rousseau y la fundamentación de la democracia*. Madrid: Espasa-Calpe.
- Rousseau, Jean Jacques. [1762] 1985. *Emilio*. Madrid: Edaf.
- Rousseau, Jean Jacques. [1782/1789] 1996. *Confesiones*. México D.F: Editorial Porrúa.
- Rousseau, Jean Jacques. [1750, 1755, 1762] 2003. *El Contrato Social. Discursos*. Buenos Aires: Losada.
- Rousseau, Jean Jacques. [1780] 2003. *Reflexiones de un paseante solitario*. Buenos Aires: Editorial Quadrata.
- Scott, John. 1992. "The theodicy of the *Second Discourse*: The "Pure State of Nature" and Rousseau's political thought". *The American Political Science Review* 86(3): 696-711.
- Sorenson, Leonard. 1990. "Natural inequality and Rousseau's political philosophy in his Discourse on Inequality". *The Western Political Quarterly* 43(4): 763-788.
- Starobinski, Jean. 1983. *Jean-Jacques Rousseau. La transparencia y el obstáculo*. Madrid: Taurus Ediciones.
- Tello, Belisario. 1975. *Filosofía pedagógica*. Buenos Aires: Editorial Huemul.
- Todorov, Tzvetan. 1986. *Frágil felicidad. Un ensayo sobre Rousseau*. Barcelona: Editorial Gedisa.
- Wokler, Robert. 1995. *Rousseau*. Oxford: Oxford University Press.

Citas en inglés

i- "As they had grown gradually less dependent upon Nature, savage men had equally made themselves increasingly dependent on each other, with the original perfectibility of every person exercised in such a way as to conflict with his natural liberty, following his elections in society to become a slave to new compulsions he imposed upon himself" (Wokler 1995, 47).

ii- "Inequality is caused by human relations... but all relations and even most if not all human capacities are artificial products of accidental historical circumstances. The root of all evil, inequality, has its source in an accidental history that disjoined man from nature" (Sorenson 1990, 764).

iii- "... in *Emile* we find ... a thorough discussion of the way in which an individual can find, or make, a place for himself in society without suffering alienation or the personal corruption and pain that this involves" (Dent 1992, 106).

iv- "Aggression, malice, spite, and envy are strangers to the untainted human heart as it leaves the hands of its maker. These maligns dispositions enter only because other people pervert and destroy the natural innocence and integrity of the individual" (Dent 1992, 174).

v- "... in Émile ... Rousseau envisages an education in moral independence designed to fit a man to withstand the influences of social life" (Keens-Soper 1992, 172).

vi- "Here he gives his fullest statement on the nature and basis of religious belief and sentiment; his account of the nature of God; a discussion of God's relations with His creatures; and an explanation of the connections between religious belief and morality" (Dent 1992, 77).

vii- "Rousseau's is a search for what is 'most hidden and most present', for that silent measure which confirms our errancy even while, in its hushed tone, it urgently implores us to return to the home ground of the soul" (Mitchell 1993, 98).

Ensayo 2:
El rol de la religión natural en la gestación del Contrato Social. La hipótesis del "líder consciente" en la obra de Rousseau.

ENSAYO 2: El rol de la religión natural en la gestación del Contrato Social. La hipótesis del "líder consciente" en la obra de Rousseau.

Introducción

El objetivo de este trabajo de tesis consiste en responder a las siguientes preguntas de investigación:

¿Cómo suponer, ya que Jean Jacques Rousseau no lo explica, que todos los suscriptores del Contrato Social están en condiciones de comprender y de querer lo que es bueno por naturaleza?

¿Cómo les llega este conocimiento sobre su naturaleza que los habilita a gestar el pacto social?

El *Contrato Social* nos ofrece un modelo ideal de sociedad política pero no nos explica cómo nace.

Tal vez la respuesta esté presente de forma implícita en otra de sus obras. Esa obra es el *Emilio*.

En el primer texto se presenta una situación hipotética en la que un grupo de personas delegan por igual sus libertades naturales a una sola voluntad general que será la encargada de protegerlos y dirigirlos políticamente. En el segundo, se desarrolla un tratado educativo que tiene la finalidad de formar al hombre de acuerdo al conocimiento de su naturaleza. En esta obra se presenta un personaje imaginario llamado Emilio, que habiendo experimentado y asimilado el conocimiento de la religión natural va a entender la igualdad y la unidad que existe entre todos los seres humanos.

Este modelo de vida que Emilio encarna, gracias a las enseñanzas del vicario saboyardo, es aquel que podría suponerse que está presente en todos aquellos que se suscriben al contrato social. La conciencia de igualdad y de unidad que existe entre todos los miembros al momento de realizar el pacto es indicador de la presencia de un paradigma de entendimiento semejante al que posee Emilio. Por otra parte, llegando al final de la obra, el vicario exhorta a su aprendiz a ser "modelo" y "ejemplo" para sus semejantes. A raíz de esto, es posible suponer que este personaje, por medio de su comportamiento, va a compartir con los demás su forma esencialista de entender al ser humano.

Por lo tanto, la respuesta a las preguntas de investigación planteadas podría darse en estas dos condiciones, no suficientes pero sí necesarias: la pedagogía de un Emilio (primera condición) y la difusión generalizada de los principios de la religión natural (segunda condición).

Emilio puede interpretarse, entonces, como un "líder consciente" que comparte con los demás individuos el conocimiento de la religión natural y contribuye a gestar las condiciones igualitarias del pacto político.[53]

El líder consciente es un concepto que apela a la existencia de un individuo capaz de generar un nuevo estado de comprensión sobre la vida en los seres humanos que cambia por completo su sistema de relaciones. Esta idea hipótesis sostiene que este líder reconoce su naturaleza y procura desarrollar un estado de comprensión en sus semejantes que les permita ser conscientes de su realidad interna, a fin de poder concretar una realidad socio-política que sea congruente con la naturaleza espiritual del ser humano.

Esta idea hipótesis del líder consciente podría llenar el vacío de explicación sobre la génesis del contrato social, algo que Rousseau no nos explica de forma explícita pero que de manera implícita se puede sustraer haciendo un profundo trabajo de reconstrucción interpretativa.

Sin embargo, es conveniente señalar que la hipótesis que se defiende en este trabajo es una interpretación plausible, entre otras, y tiene la finalidad de señalar un vacío de explicación y una posible respuesta que podría llenar ese vacío.

---

[53] El concepto de líder consciente fue elaborado por el autor de esta tesis.

No será objetivo de esta tesis demostrar, ni afirmar, sino compartir una inferencia que signifique una posibilidad de interpretación sobre el origen del Contrato Social.

En resumen, el objetivo de este trabajo es indagar la correlación que en base al tema del líder consciente se podría establecer entre el *Contrato Social* (2003) y el *Emilio* (1985), obras escritas por Jean Jacques Rousseau.[54]

A razón de esto, se sostendrá como hipótesis que existe un tema central que vincula a los textos citados, y ese tema es el líder consciente.[55]

Habiendo repasado brevemente la conexión entre los dos libros que van a ser analizados, pasaremos a relatar en que va a consistir cada capítulo.

La tesis está dividida en cuatro capítulos. El primero trata sobre la religión natural de Emilio. En el segundo se desarrolla la educación civil de Emilio. El tercero tiene la finalidad de mostrar las condiciones iniciales del Contrato Social. El cuarto capítulo plantea la correlación entre el *Emilio* y el *Contrato Social* en base al tema del líder consciente. Por último, se presenta una conclusión sobre este trabajo de tesis.

---

[54] El año de la primera publicación de las dos obras fue 1762. El *Emilio* fue publicado en mayo de ese año y el *Contrato Social* un mes antes (Dent 1992, 106).

[55] El concepto de líder consciente fue acuñado por el autor de este trabajo de tesis para explorar una posible correlación entre las dos obras anteriormente citadas.

Capítulo 1. La religión natural de Emilio[56]

"Todo es perfecto al salir de las manos del hacedor de todas las cosas; todo degenera entre las manos del hombre. [...] él lo trastorna todo, lo desfigura todo, ama la deformidad, los monstruos; él no quiere nada tal y como lo ha hecho la naturaleza, incluso el hombre; él precisa ordenarlo por sí, como caballo en picadero; él precisa contornearlo a su modo, como un árbol de su jardín" (Rousseau 1985, 35).

Así comienza el *Emilio*. Con una clara denuncia sobre como el hombre es deformado por el hombre. Deformidad que implica un alejamiento del ser humano de su naturaleza innata. Deformidad que se produce en la vida social, en convivencia con otros hombres que ya han sido deformados por las instituciones sociales y las cuales procuran el mismo destino para todos aquellos que nacen dentro de las mismas.[57]

Dios, el "hacedor de todas las cosas", nos ofrece la perfección innata. Nuestra naturaleza posee todo lo que el individuo necesita. Lo único que hay que saber es adecuar la educación de los hombres a los dictámenes de la naturaleza divina.

La finalidad del *Emilio* es compartir con la humanidad un modelo educativo cuyo propósito es devolverle al individuo su naturaleza perdida. Esto, para Rousseau, implica construir una plataforma educativa que esté sustentada en el conocimiento de la naturaleza de Dios y del ser humano.

Para esto va a proponer la religión natural.

En esta obra se hace presente un alumno imaginario cuyo nombre es Emilio, el cual es instruido por un mentor imaginario (el cual podría

---

[56] Cabe destacar que en el primer ensayo presentado en este libro, se analizó el fenómeno de la religión natural y por ende, inevitablemente, se van a reiterar algunos razonamientos para poder avanzar con esta tesis.

[57] Con respecto a esto, Rousseau argumenta que "los prejuicios, la autoridad, la necesidad, el ejemplo, todas las instituciones sociales en que nos hallamos sumergidos, asfixiarían en él (hombre) la naturaleza..." (1985, 35).

suponerse que es Rousseau) y en un momento del proceso educativo es asistido por un vicario saboyardo que le enseña todo lo relativo a la religión natural.[58]

El vicario, por medio de estas enseñanzas religiosas, no quiere convencer a su alumno sobre una determinada religión, sino que pretende situar a Emilio en "... estado de escoger aquella que deba conducirle al mejor empleo de su corazón" (1985, 300).

Estas enseñanzas que va a impartir el vicario pretenden preservar intacta la naturaleza de Emilio una vez que éste se haya insertado en la vida social.

De esta forma, Rousseau no espera que su educando sea un hombre natural aislado de la vida social, sino que su intención es que éste pueda insertarse en la misma haciendo un uso correcto de la razón, para poder protegerse del influjo alienante de la sociedad y de esta forma evitar la corrupción de su ser:

"Pero considerad primeramente que, queriendo formar al hombre de la naturaleza, no se trata de hacerle un salvaje y de relegarle al fondo de los bosques; sino procurar que al encerrarlo en el torbellino social no se deje arrastrar ni por las pasiones ni por las opiniones de los hombres; que él vea con sus ojos, que sienta con su corazón; que ninguna autoridad le gobierne fuera de su propia razón" (1985, 293).

A razón de esto, Rousseau quiere formar a Emilio para que conserve su naturaleza en sociedad por medio de un uso adecuado de la razón que le permita a éste ser moralmente independiente y autónomo con respecto a los juicios y las opiniones de los demás.[59]

---

[58] Según Baker (2001), esta sección sobre la profesión de fe del vicario saboyardo que trata sobre la religión natural es la más importante de toda la obra, y en sí misma podría constituir otro libro aparte.

[59] Según Maurice Keens-Soper (1992), "... en *Emilio...* Rousseau imagina una educación en independencia moral diseñada para preparar a un hombre para resistir las influencias de la vida social" (172).[i]

De esta forma, se espera que Emilio sea independiente con respecto a los dictámenes de la opinión pública y, a su vez, encare una relación solidaria con sus semejantes basada en la expansión de su naturaleza hacia todos los seres humanos, tal como nos dice Rousseau en su texto:

"Para excitar y mantener esta sensibilidad naciente, para guiarla o seguirla en su inclinación natural, ... ofrecer al joven objetos sobre los cuales pueda actuar la fuerza expansiva de su corazón, ... que la extiendan sobre los otros seres, ... es decir, excitar en él la bondad, la humanidad, la conmiseración, la caridad, todas las pasiones atrayentes y bondadosas..." (1985, 255).[60]

De esta forma, se establece la necesidad de que el educando sea guiado por su naturaleza en cuanto a la expresión de su sensibilidad en el medio social, y por tal razón el preceptor debe proveerle de aquellos estímulos que permitan un desarrollo completo de los sentimientos naturales.

Cabe destacar que esta sensibilidad natural que se expande hacia fuera es el amor de sí, que al principio del proceso educativo estuvo contenida, pero una vez que se llegó a una cierta instancia de madurez se comenzó a encauzar hacia el resto de los seres humanos.[61]

Por otra parte, el preceptor debe asegurarse de que Emilio no sienta vanidad alguna en su comportamiento con relación a sus semejantes, a fin de poder evitar que los sentimientos de su discípulo pierdan su carácter positivo, tal como nos indica Rousseau a continuación:

"... excitar los primeros movimientos de la naturaleza, desarrollarlos y extenderlos sobre su prójimo; a lo que yo agrego que importa entreverar con estos sentimientos el menor interés personal que sea posible; sobre todo nada de vanidad, ... nada de esos sentimientos que nos fuerzan a compararnos con los demás; pues estas comparaciones no se realizan

---

[60] Según Sonia Durand (1966) Rousseau postula que "el hombre debe ser formado… capaz de comprender la naturaleza con el corazón y capaz, por este medio, de sentir un auténtico sentimiento de solidaridad humana" (28).

[61] Para Rousseau el amor de sí es esencial a todo ser que siente. De esta sustancia se derivan la bondad y la justicia (1985, 324).

jamás sin cierta impresión de odio contra aquellos que nos disputan la preferencia..." (1985, 258-9).

Con este argumento, Rousseau busca enseñar al preceptor que es importante resguardar a Emilio de aquellos sentimientos que lo conducen a compararse y a vivir fuera de sí mismo pendiente de las preferencias de los demás.

Ni los halagos ni el desprecio deben alterar su inclinación natural, y por ende su actitud bondadosa hacia los seres humanos. No debe guiarse por las diferencias clasistas que dividen a la sociedad, sino que él tiene que sentirse identificado con todo ser humano a fin de que no se genere en su ser ningún sentimiento de rechazo, tal como sugiere Rousseau a continuación:

"... enseñad a vuestro alumno a amar a todos los hombres, e incluso a aquellos que lo desprecian; obrad de modo que él no se incluya en ninguna clase, sino que se encuentre en todas; en su presencia habladle del género humano con ternura, incluso con compasión, pero nunca con desprecio" (1985, 258).

A razón de esto el educando, sintiéndose identificado con todos los seres humanos, va a expandir su naturaleza bondadosa hacia todos sus semejantes, gracias al fuerte sentimiento de igualdad que el preceptor le habrá conducido a desarrollar.

Este sentimiento de igualdad que el discípulo va a engendrar va a ser reforzado por el conocimiento de su naturaleza que le inculcará su preceptor a través de la religión natural.

Por medio de su comprensión de la naturaleza, va a sentir en su interioridad la unidad que conecta a todos los seres humanos y que origina ese "auténtico sentimiento de solidaridad".

A raíz de este conocimiento de la unidad esencial que abarca a todos los seres humanos, se deriva un fuerte sentimiento de igualdad que se sustenta en la esencia, y no en la apariencia.

De esta forma, el vicario le va a inculcar a Emilio todo lo relativo a la metafísica de la naturaleza, conocimiento que servirá de sustento para la moralidad que el discípulo deberá incorporar, a fin de poder relacionarse sanamente con sus semejantes sin que estos alteren de ningún modo la expresión de su naturaleza y produzcan la alienación en su persona.

El tema que va a servir de disparador para que el vicario comience a impartir sus conocimientos es la felicidad, la cual él afirma poseer y le va a enseñar a su alumno cómo logró alcanzarla:

"Cuando hayáis recibido toda mi profesión de fe, cuando conozcáis bien el estado de mi alma, sabréis por qué yo me considero feliz, y, si pensáis como yo, lo que tenéis que hacer para serlo" (1985, 305).

Entonces, la "profesión de fe" que el vicario va a impartir a Emilio servirá para que éste encuentre aquella felicidad que se sustenta en la comprensión de nuestra naturaleza y que no se altera por los dictámenes de la opinión, como sí sucede con el hombre alienado.

Siguiendo este razonamiento, la alienación que afecta al hombre civil encuentra su raíz más profunda en la ignorancia que padece éste con respecto a sí mismo, a su naturaleza; ignorancia que el vicario le comunica a Emilio:

"...nosotros mismos nos ignoramos; no conocemos ni nuestra naturaleza ni nuestro principio activo; apenas sabemos si el hombre es un ser simple o compuesto: misterios impenetrables nos rodean por todas partes, los cuales están por encima de la región sensible..." (1985, 308).

De esta forma el vicario expresa la ignorancia fundamental que predomina en la sociedad y que no se puede resolver por medio del uso de los sentidos, puesto que las respuestas no se hallan en el plano sensible, sino que trascienden la barrera de la percepción.

Muchos filósofos intentaron responder estas incógnitas, pero lo único que lograban era generar más dudas y confusión en la débil mente humana que no podía ver con claridad dónde se encontraba la solución a las cuestiones más fundamentales.

Por este motivo, el vicario va a tratar de encontrar respuesta a las principales incógnitas acudiendo a una fuente distinta, que no se encontraba en los libros escritos por los filósofos sino que ésta se hallaba en la intimidad de su ser:

"Comprendí también que lejos de librarme de mis dudas inútiles, los filósofos no harían otra cosa que multiplicar las que me atormentaban y no me resolverían ninguna. Por tanto, yo tomé otra guía y me dije: consultemos a la luz interior, ella me engañará menos que lo que ellos me engañaron..." (1985, 309).

De este modo, el vicario decidió que la validez de los conocimientos se establecería a partir de lo que sentía en su corazón, de lo que le dictaba su naturaleza interior.

Entonces la verdad la alcanzaría siguiendo como regla sencilla la sinceridad de su corazón, de forma tal que todos los conocimientos que éste le afirmara con el sentimiento serían aceptados como verdaderos (Rousseau 1985, 310).

A su vez, todos los conocimientos que se pudieran deducir de aquellos que fueron aprobados por su naturaleza también serían considerados como verdaderos.

De acuerdo con esto, el vicario establece según su sentir natural tres artículos de fe: el primero sostiene que una voluntad mueve el universo y anima a la naturaleza (Rousseau 1985, 314); el segundo consiste en que la materia móvil presenta una voluntad inteligente que puede obrar, comparar y escoger (Rousseau 1985, 316); y el tercer artículo de fe establece que el hombre es libre en sus acciones y, por ende, está animado por una sustancia inmaterial (Rousseau 1985, 323).

Sobre estos tres artículos de fe, que el vicario ha fundamentado en su sentir más profundo y sincero, va a deducir otras verdades.

Con respecto al primer artículo, el vicario va a llamar "Dios" a esta voluntad que mueve el universo y anima la naturaleza, que se expresa en toda la manifestación y en la unidad de intención que gobierna la relación de todas las partes, la cual consiste en la conservación del todo dentro del orden establecido (1985, 318).

Esta inteligencia suprema que es Dios posee dos cualidades que están interrelacionadas y que son la bondad y la justicia, las cuales son explicadas por el vicario de la siguiente forma:

"... el ser soberanamente bueno ..., debe ser también soberanamente justo, ya que de otro modo se contradiría a sí mismo; pues el amor y el orden que lo produce se llama *bondad*, y el amor al orden que lo conserva se llama *justicia*" (Rousseau 1985, 325).

Estos atributos que posee Dios también los tienen los seres humanos, puesto que su sustancia está en nosotros y, por ende, poseemos las mismas cualidades que Él tiene.[62]

A razón de esto, los seres humanos participan en común de la misma unidad esencial, que es la naturaleza divina, y por ende expresan en su esencia las mismas cualidades de la unidad a la que pertenecen.

De este modo, la bondad y la justicia que están presentes en la naturaleza divina son también atributos naturales que posee el hombre, que desde un plano distinto al que actúa Dios producen unos efectos distintos.[63]

---

[62] Cabe mencionar que el vicario le enseña a Emilio que la sustancia inexplicable de Dios está en nuestras almas y está en nuestros cuerpos (Rousseau 1985, 328). Con respecto a esto, el vicario expresa lo siguiente: "...Dios de mi alma, yo no te reprocharé jamás el haberme formado a tu imagen, a fin de que yo pudiese ser libre, bueno y dichoso como tú" (1985, 324).

[63] Con respecto a esto, el vicario le indica a Emilio que la justicia es consecuencia de la bondad y que ésta es producto del amor de sí, siendo esta última una cualidad esencial a todo ser que siente (Rousseau 1985, 324).

A razón de esto, la bondad en el hombre implica "amar a sus semejantes" y la justicia consiste en "dar a cada uno aquello que le pertenece" (Rousseau 1985, 329).

De esta forma, los mismos atributos que poseen los seres humanos también los tiene Dios, puesto que Él se expresa en la naturaleza del hombre.[64]

Siguiendo este razonamiento, el hombre puede acceder a la esencia de Dios por medio del conocimiento de su propia naturaleza, ya que existe una estrecha relación entre nuestro yo real y el yo superior que es Dios.[65]

Nuestro yo real se corresponde con nuestra alma, la cual es aquel principio activo que imprime movimiento sobre la máquina que utilizamos para relacionarnos con el entorno, que es nuestro cuerpo.

Según el tercer artículo de fe, el alma es aquella sustancia inmaterial que anima el cuerpo y que a su vez es libre de elegir qué curso de acción seguir, siempre y cuando "... la voz del alma pueda elevarse contra la voz del cuerpo" (Rousseau 1985, 322).

La voz del alma es la "conciencia" y la voz del cuerpo son las "pasiones", y es la primera la que debe seguir el hombre si quiere hacer caso a su naturaleza, la cual lo va a conducir por el camino correcto y nunca le va a engañar (Rousseau 1985, 330).[66]

De acuerdo con esto, la conciencia es un principio natural innato independiente de la razón que conduce al hombre a amar el bien y a

---

[64] De acuerdo con esto, Jacques Maritain (1986) expresa que "Rousseau ... es deliberadamente inmanentista ...; según él, Dios sólo se manifiesta al hombre por una postulación espontánea de la naturaleza, por una necesidad del sentimiento, por una experiencia inmediata" (168-169).

[65] Para Rousseau entonces la beatitud reside dentro de uno, en nuestro yo divino y trascendental, y por ende en la esencia de Dios que se corresponde con la nuestra (Maritain 1986, 171).

[66] Según Jacques Maritain, "la conciencia es no sólo la regla próxima de nuestras libres determinaciones, sino que es infalible como una revelación de los oráculos divinos, emanada del fondo substancial del corazón" (1986, 169).

seguirlo una vez que el hombre ha incorporado las ideas del bien y del mal (Rousseau 1985, 334).[67]

Siguiendo este razonamiento, el vicario nos indica que la conciencia es un principio de virtud y justicia que se encuentra en el fondo de nuestras almas, que nos asiste para juzgar adecuadamente la bondad o la maldad de las acciones propias y ajenas (Rousseau 1985, 332).

Cabe destacar que esta conciencia es un sentir innato que expresa nuestra naturaleza bondadosa, la cual, si es correctamente racionalizada, nos puede servir para convivir en armonía con nuestros semejantes, eligiendo siempre el camino del bien.

Sin embargo, esta voz del alma se puede encontrar incapacitada para expresarse a través del comportamiento del hombre si no se lleva a cabo una adecuada racionalización de la misma, de modo tal que el individuo presente ciertos condicionamientos mentales que no le permitan a la "conciencia" manifestarse, tal como el vicario nos ilustra de la siguiente forma:

"Si habla a todos los corazones, ¿por qué hay tan pocos que la escuchan? ¡Ah!, es que nos habla el lenguaje de la naturaleza, que todo nos lo ha hecho olvidar. La conciencia es tímida, ... le espanta el mundo y el ruido; los prejuicios que nacen en ella son sus más crueles enemigos; ella huye o se calla ante ellos: su voz ruidosa ahoga la suya y le impide hacerse oír; el fanatismo osa desfigurarla, y dictar el crimen en su nombre" (Rousseau 1985, 335).

De esta forma, el vicario deja entender que la voz del alma habla a todos los seres humanos, pero que a raíz de la educación distorsiva que padecen

---

[67] Según el vicario "toda la moralidad de nuestras acciones está en el juicio que formulemos nosotros mismos. Si es cierto que el bien sea bien, debe estar en el fondo de nuestros corazones como en nuestras obras, y el primer premio de la justicia está en comprender que se la practica" (Rousseau 1985, 330).

los hombres en sociedad ésta no puede ser escuchada, de modo tal que la razón oculta su testimonio divino.[68]

El hombre civil no siente amor por el bien ni por sus semejantes, de modo tal que concentra su amor en sí mismo, inspirado por el amor propio y no por el amor de sí, tal como nos ilustra el vicario de la siguiente forma:

"Quitad de nuestros corazones este amor por lo bello y habréis quitado en su alma mezquina estos deliciosos sentimientos; aquél que a fuerza de concentrarse íntimamente, acaba por no amar sino a sí mismo, no siente transporte alguno, no palpita de gozo su helado corazón; jamás humedeció sus ojos una dulce ternura; no goza de nada; el desdichado no siente, no vive; está muerto" (Rousseau 1985, 331).

Este amor propio que encierra al hombre en sí mismo y no siente sino por lo que le pueda afectar a sus propios intereses es distinto al amor de sí, el cual al expandirse hacia el resto de los seres humanos instaura en el individuo un sentimiento de solidaridad que deriva del sentimiento de pertenencia a la especie humana.[69]

Por eso es necesario tener un correcto conocimiento sobre la naturaleza humana, a fin de evitar cometer errores a la hora de educar a las futuras

---

[68] Con respecto al testimonio divino que presenta nuestra conciencia el vicario nos comenta lo siguiente:

"¡Conciencia, conciencia!, instinto divino, inmortal y celeste voz; guía segura de un ser ignorante y limitado, pero inteligente y libre; juez infalible del bien y del mal, que hace al hombre semejante a Dios ..." (Rousseau 1985, 335).

[69] Según Rodolfo Mondolfo (1962), "del amor de sí Rousseau puede hacer derivar la conducta moral; porque ese amor es aquel estado de conciencia en el cual el hombre prescinde de lo que constituye su individualidad en el orden empírico, obra como si en él obrase la humanidad ...; el sujeto llega a encontrar en sí mismo el principio común de todos los seres y a abarcar con su determinación un mundo entero" (45-46).

Por otro lado, Duvall (2003) argumenta que el amor propio es una construcción de la sociedad y se sustenta de la información que proviene de la comparación social, a diferencia del amor de sí que no es artificial y no depende de la mirada ajena.

generaciones según preceptos que no sirvan para canalizar adecuadamente el flujo bondadoso de nuestra esencia.

La ausencia de este conocimiento de la naturaleza conduce al hombre por una senda de ilusiones aceptadas por una falsa identidad, que busca la felicidad donde realmente no se encuentra.

Estas ilusiones guiaron al vicario por bastante tiempo hasta que pudo reconocer lo que era su yo real, de modo tal que no se dejó engañar más y adoptó una nueva perspectiva hacia la vida, tal como nos comenta a continuación:

"Existe una edad en la que el corazón, ... ávido de la felicidad que no conoce, la busca con curiosa incertidumbre, y, engañado por los sentidos, ... cree encontrarla en donde no existe. Estas ilusiones ... las he conocido demasiado tarde ... ; lejos de ver en ellas el motivo de mi felicidad, veo su obstáculo. Yo aspiro al momento en que, libertado de las trabas del cuerpo, yo seré yo sin contradicción, sin división, y sólo tendré necesidad de mí para ser feliz ..." (Rousseau 1985, 338).

De este modo, el vicario señala las ilusiones que aceptamos desde una falsa identidad y nos menciona indirectamente la importancia que tiene el conocimiento de nuestra naturaleza para liberarnos de éstas y recobrar nuestra verdadera identidad, una identidad de alma.

Con esta nueva perspectiva, el vicario reconoce que su yo real, su alma, vive una contradicción ontológica con su cuerpo, su instrumento, y por esta razón nos menciona que una vez que se haya "liberado de las trabas de su cuerpo" él podrá ser dichoso con su esencia.

Sin embargo, este estado de felicidad lo puede alcanzar el vicario sin necesidad de morirse, por medio de la contemplación de su naturaleza esencial y, por ende, a través de la meditación sobre la esencia de Dios y el orden universal, tal como nos comenta a continuación:

"Para elevarme tanto como sea posible a este estado de felicidad, ... me ejercito en las sublimes contemplaciones. Medito respecto al orden del universo, ... para admirarlo sin cesar, para adorar al sabio autor que me lo hace sentir" (Rousseau 1985, 338).

De este modo, el vicario le indica a Emilio que la contemplación de nuestra esencia es el camino que tiene que seguir para lograr la felicidad verdadera y, de esta forma, superar la contradicción que existe con nuestro cuerpo.[70]

Cabe destacar que el meditar sobre nuestra naturaleza implica meditar sobre la naturaleza de Dios, puesto que Él nos ha creado a su imagen y semejanza a fin de que pudiésemos ser libres, buenos y dichosos como Él (Rousseau 1985, 324).

Por otra parte, la contemplación de nuestra esencia divina nos conduce a amar a Dios y a querer lo que Él quiere (Rousseau 1985, 354), y este amor no es para unos pocos, sino que lo pueden experimentar todos los seres humanos, dada la igualdad de naturaleza que existe entre todos.[71]

Siguiendo este razonamiento, la meditación es la herramienta que le va a permitir al educando amar a Dios y a su prójimo, constituyéndose este sentir en la base de la moralidad que deberá seguir Emilio independientemente de lo que cualquier institución le llegara a dictaminar, tal como el vicario nos expresa de la siguiente forma:

"...los verdaderos deberes de la religión son independientes de las instituciones de los hombres; que un corazón justo es el verdadero templo de la divinidad; que en todo país y en toda secta, amar a Dios sobre todas las cosas y a tu prójimo como a ti mismo, es el sumario de la ley; que no existe religión que dispense de los deberes de la moral, que éstos son los verdaderamente esenciales en ella; que el culto interior es el primero de estos deberes, y que sin la fe no existe ninguna virtud verdadera" (Rousseau 1985, 359-60).

---

[70] Con respecto a la felicidad, el vicario le aclara a Emilio que "el goce supremo está en el contento de sí mismo" (Rousseau 1985, 323).

[71] La igualdad de naturaleza deriva del hecho de que todos formamos parte de la misma unidad esencial y, por ende, la naturaleza de la unidad le corresponde a las partes que participan de la misma.

Es así como el vicario resume las enseñanzas que le brindó a Emilio, a fin de que éste supiera cuál es su naturaleza y la de Dios, y las leyes que debe respetar y cumplir para su propio bien y el de los demás.

El desarrollo de las luces, guiado por la educación de la naturaleza, ha hecho posible que este cuerpo de ideas pueda llegar a la mente de Emilio, siendo estos preceptos necesarios para encauzar la inclinación natural del educando hacia una relación moral adecuada que le permita evitar la alienación en la vida social.

Estos preceptos que se le ha inculcado a Emilio conforman la religión natural que ha predicado el vicario saboyardo y es el límite al que llega el educando, tal como Rousseau nos aclara a continuación:

"En tanto que no se otorgue nada a la autoridad de los hombres, ni a los prejuicios del país en donde se ha nacido, las únicas luces de la razón no pueden, en la institución de la naturaleza, conducirlos más allá de la religión natural; y a ésta es a la que yo me limito con mi Emilio" (1985, 362).[72]

De esta manera, Rousseau entiende que al subordinar la educación moral a la educación de la naturaleza se llega a un límite que es el de la religión natural. El educando a través de la razón puede discernir qué es el bien y el mal, y por medio de su conciencia puede amar el bien y elegir si seguir o no ese sentir de su conciencia dada la libertad inherente a su esencia.

Con respecto a esto, Dios ha hecho al hombre libre para elegir qué camino seguir, queriendo que éste no se equivoque y sepa reconocer cuál es el

---

[72] El vicario en un momento de la exposición le indica a Emilio que toda su profesión de fe expresa una religión natural (Rousseau 1985, 340).

camino que a él le conviene seguir según su naturaleza (Rousseau 1985, 323). [73]

La comprensión de su naturaleza le permite al educando saber que al hacer el bien a sus semejantes está haciéndose el bien a sí mismo, dado que todos forman parte de la misma unidad esencial y el bien que se genere en una de las partes repercute positivamente en toda la unidad.

De este modo se forma en el educando una conciencia de unidad que le permite identificarse con todos los seres humanos, puesto que ve en ellos no las diferencias superficiales sino la igualdad esencial que los une.[74]

A razón de esto, el hombre que tenga conocimiento de su naturaleza podrá reconocer su verdadera identidad y, por ende, sabrá que en esencia es igual a sus semejantes. Esta identidad de alma, este yo real que se hace presente en la mente del educando, es lo que le va a permitir superar la influencia alienante del entorno social en el que se inserte.

La identidad de alma le permite al educando protegerse del modo de vida alienante, dado que él reconoce lo que es y, por ende, sabe que en esencia es igual a sus semejantes; y esta comprensión va a impedir que Emilio sea seducido por la idea de consideración ya que el desprecio o el aprecio ajeno no va a perturbar su autoestima, sino que esta va a permanecer inalterada (Rousseau 1985, 388).

---

[73]   A razón de la libertad que el hombre goza, éste no se encuentra determinado por el orden universal, a pesar de que es parte del mismo, tal como nos dice Aurora Bernal Martínez de Soria:

"El hombre es parte del universo, y su naturaleza es parte de la Naturaleza, orden particular supeditado al universal pero no determinado. Rousseau defenderá como característica esencial de la naturaleza humana su libertad, y tiene que dejar abierta la puerta en la concepción de lo universal para que la acción libre se coordine con el orden universal" (1998, 147).

[74]   La conciencia de unidad deriva del conocimiento que tiene el educando de su esencia y, por ende, de la unidad divina que integra. De esta forma, el hombre se une a la naturaleza divina y ve la igualdad esencial que existe en la especie humana. La unión con Dios es el fin último de la religión rousseauniana, pero no porque participamos de su vida sino porque absorbemos nosotros la Divinidad (Maritain 1986, 171).

Siguiendo este razonamiento, la autoestima no va a sufrir alteración alguna, debido a que Emilio sabe que él es igual en esencia al resto de los seres humanos y, por ende, esta conciencia de igualdad le permite relacionarse basándose no en las diferencias superficiales sino en la igualdad esencial. Y en definitiva, si la perspectiva del educando se concentra en la igualdad natural no habrá diferencias que lo conduzcan a compararse y a medirse con el resto de los hombres y, por lo tanto, no habrá de generarse en él ningún sentimiento de superioridad o inferioridad de modo tal que la alienación lo acapare.

El hombre civil, a diferencia de Emilio, no entiende su naturaleza y, por ende, no tiene una conciencia de unidad que le permita identificarse con sus semejantes y lo conduzca a hacer el bien a los demás sin esperar recompensa alguna.

De esta manera, el hombre que ha nacido en sociedad y no ha recibido una educación que corresponda con su naturaleza cae en las falsas ilusiones que lo conducen a la comparación con el otro y a la alienación.

Esta ignorancia fundamental que padece el hombre civil, que implica la carencia de conocimientos verdaderos con respecto a su naturaleza, es lo que inevitablemente conduce al hombre hacia la falsa identidad.[75]

Con respecto a esta, el hombre no se reconoce a sí mismo como lo que es, es decir, no comprende que es un alma y que es algo que anima su cuerpo y que no puede ser percibido por ninguno de sus sentidos.

La única manera de acceder a su alma es a través de la meditación, tal como el vicario le indicaba a Emilio, y por medio de esta técnica el individuo podrá sentir en su profunda interioridad toda la verdad de su ser y, como

---

[75] Con respecto a esto, Kramnic (1997) sostiene que el hombre corrompido en sociedad vive un estado de "artificialidad" y "falsedad":
"Para Rousseau, los hombres eran naturalmente buenos, 'nobles salvajes', que fueron corrompidos por la civilización. A medida en que la sociedad y sus instituciones evolucionaron, la inocencia primitiva y la honestidad natural fueron reemplazadas por la artificialidad y la falsedad".[ii]

consecuencia, podrá sentir esa felicidad tan plena que corresponde a su esencia.

En resumen, Emilio comprende su naturaleza, y por ende la igualdad, la unidad, la libertad y la bondad natural que existe en todos los seres humanos.

En el siguiente capítulo se analizará la educación civil de Emilio.

Capítulo 2. La educación civil de Emilio

Emilio, habiendo sido inculcado en lo concerniente a la religión natural, "…encuentra su verdadero interés en ser bueno, en practicar el bien lejos de las miradas de los hombres, y sin ser forzado por las leyes, a ser justo entre Dios y él, a cumplir su deber, incluso a expensas de su vida, a llevar en su corazón la virtud,…., por amor al autor de su ser, amor que se confunde con este amor de sí, para gozar, en fin, de la felicidad duradera que el sosiego de una buena conciencia y la contemplación de este ser supremo le prometen…" (Rousseau 1985, 363).

Este educando está preparado para compartir su bondad natural con los demás seres humanos; está preparado para manifestar sus virtudes naturales con sus semejantes. Ha sido instruido para expresar su conciencia y su amor, para manifestar su yo divino y verdadero con aquellos que ignoran lo que son.[76] Ha sido educado para mostrarles a los hombres que la felicidad eterna está al alcance nuestro, lo único que hace falta es contemplar nuestra interioridad, nuestro Ser y, por ende, al supremo creador que nos lo ha dado todo.

Esta es la educación moral que Emilio ha recibido de la mano de su preceptor.[77] Lo último que hace falta para culminar esta extraordinaria formación es que aprenda sobre las relaciones civiles.

Respecto a esto, Rousseau considera que el educando tiene que ser instruido sobre la naturaleza del gobierno y sus diversas formas:

---

[76] Con respecto a esto, Allen (2006) argumenta que "Rousseau es reconocido como el buscador del auténtico ser" (492).

[77] Según Grant (1994), el ideal rousseauniano consiste en formar al hombre para que sea "íntegro", concepto que él define de la siguiente manera:
"La integridad incluye a la moralidad y a la totalidad o unidad, y se opone a la corrupción y al conflicto o alineación" (415).[iii]
De esta forma, el ser íntegro para Grant implica que la persona no dependa de la opinión ajena y actúe de acuerdo a los dictámenes de la consciencia, que siempre lo van a conducir por el sendero de la moral.

"…es necesario que comience por estudiar la naturaleza del gobierno en general, las diversas formas de gobierno, y en fin, el gobierno particular bajo el cual ha nacido, para saber si le conviene vivir en él…" (1985, 526).

De esta manera Emilio, para poder aprender lo concerniente a las relaciones civiles, tiene que comprender la naturaleza de los gobiernos, a fin de que pueda entender en qué tipo de formación política le interesa vivir.

Se le prepara entonces para que juzgue la compatibilidad entre lo que es importante para él y la forma de gobierno que existe, entre su forma de vida y las reglas políticas que están dadas.

Para esto es necesario que sepa cuál es la forma ideal de gobierno y desde esta idea del deber ser podrá entonces juzgar lo que es (Rousseau 1985, 529).

Respecto a esto, Rousseau comenta lo siguiente:

"La mayor dificultad para esclarecer estas importantes materias es interesar a un particular para discutirlas respondiendo a estas dos preguntas: *¿qué me importa?* y *¿qué puedo hacer yo?* Nosotros hemos situado a nuestro Emilio en condición de responder a ambas" (1985, 529).

Emilio está en condiciones de evaluar las formas de gobierno porque sabe lo que es importante para él, su naturaleza, y lo que puede hacer, manifestarla (Rousseau 1985, 529).[78]

Entonces, ¿cuál será la forma de gobierno que sea conveniente para él?

Desde la formación que recibió, será aquella que permita la natural manifestación de su Ser. Y para que pueda expresar su naturaleza, él necesita ser libre. La libertad es lo que más le interesa a Emilio y por lo cual va a juzgar a las instituciones políticas existentes. Si estas le permiten

---

[78]   Respecto a esto Rousseau comenta sobre Emilio lo siguiente:
"Apenas sabe él lo que es gobierno: la única cosa que le importa es hallar el mejor. Su objeto no es hacer libros; y si los logra, no será por hacer su corte a las potencias, sino para establecer los derechos de la humanidad" (1985, 530).

ser libre, entonces serán consideradas convenientes, si no le permiten ser libre, entonces serán consideradas inconvenientes.[79]

A razón de esto, a Emilio se le pide que realice un viaje por Europa para que experimente y comprenda las relaciones civiles y los gobiernos que existen.

El mentor le propone hacer un viaje por Europa que le servirá para aprender fundamentalmente sobre los hombres en general y la relación con sus gobiernos (1985, 545).

Después de dos años de haber recorrido algunos de los Estados de Europa, Emilio ha observado cómo los hombres son esclavos de sus instituciones y carecen de libertad:

"Cuanto más examino la obra de los hombres en sus instituciones, más veo que a fuerza de querer ser independientes, se hacen esclavos, y que utilizan su misma libertad en vanos esfuerzos para asegurarla" (1985, 545).

Los hombres civiles no tienen libertad. Sus intentos por ser independientes no engañan la mirada de Emilio, que sabe reconocer las cadenas invisibles de las instituciones que mantienen a los hombres incapaces de expresar su naturaleza.

Habiendo entendido la situación que viven los hombres en sociedad, Emilio sabe que "…para hacerse libre no hay nada que hacer; basta con no querer dejar de serlo" (1985, 545).

Para Emilio la libertad es un valor fundamental en su vida, puesto que siendo libre él puede manifestar lo que es, su alma, su Ser; dado que es eso en definitiva lo que desea:

"…he buscado en nuestro viaje si encontraría algún rincón de la tierra en donde pudiese ser absolutamente yo…" (Rousseau 1985, 545).

---

[79] Según Roosevelt (2006), con frecuencia Rousseau ha sido reconocido como el "filosofo de la libertad", ya que ha defendido este valor como base de desarrollo de la naturaleza humana.

De esta forma, la expresión de su identidad de alma, de su Ser, es lo que más desea, y por eso es que anhela tanto encontrar un lugar en el mundo en el que pueda ser libre.

A él no le importan los bienes, no le importa ser rico o pobre, ni tampoco le importa que los juicios ajenos lo aprecien o desprecien, lo único que le importa es ser libre, esté donde esté:

"Rico o pobre, seré libre. Yo no lo seré solamente en tal país, en tal comarca; lo seré en toda la Tierra. Para mí están rotas todas las cadenas de la opinión…" (Rousseau 1985, 546).

Emilio manifiesta fuertemente su inclinación a defender su libertad a costa de perder otras cosas que el hombre civil aprecia, pero él no. Así como el hombre civil ha nacido y está acostumbrado a vivir bajo las reglas políticas del imperio para poseer bienes y no ser libre, Emilio, que ha nacido y ha sido instruido en otras condiciones, no quiere poseer para dejar de Ser:

"…yo he comprobado que el imperio y la libertad son dos palabras incompatibles y que no podía ser dueño de una choza sin dejarlo de ser de mi persona" (Rousseau 1985, 546).

A pesar de la diferencia de valores entre los hombres civiles y Emilio, este último no deja de reconocer que son iguales en esencia a él. No deja de reconocer que son parte de la misma especie y que son parte de la Naturaleza. Su lugar de pertenencia puede ser cualquiera, porque él en todas las cosas percibe la presencia de Dios y se siente como en su hogar:

"Por todas partes donde hay hombres, yo estoy entre mis hermanos; por todas partes donde no los hay, estoy en mi casa" (Rousseau 1985, 546).

De esta manera, él se percibe como parte de la humanidad, parte de la misma unidad esencial que hace posible esta concepción de hermandad y de pertenencia incondicional en el orden natural.

Emilio, desde sus observaciones y comentarios, nos permite entender el lugar preponderante que ocupa la naturaleza a la hora de discernir y elegir en qué condiciones él desea vivir. Si bien la naturaleza para él, como para cualquier hombre, significa una restricción porque fija su forma de Ser, él no deja de sentirse honrado de tener que llevarla puesta:

"Al menos, yo no tengo nada más que una cadena, es la única que llevaré, y yo puedo glorificarme de ella" (Rousseau 1985, 546).

Así Emilio culmina de expresar sus observaciones a su preceptor luego de haber recorrido Europa y de haber estudiado la forma de vida del hombre civil.

Nos deja en claro que no va a renunciar a lo que es, por nada. No importa si tiene que dejar su lugar de origen y al gobierno en el cual nació, lo que le importa es ser fiel a su naturaleza, ser leal a sí mismo y a Dios.

Por todas partes ha observado una forma de vida corrupta que en nada le complace, ha percibido a los hombres civiles encadenados por sus gobiernos sin poder sentir la bendición de manifestar libremente su esencia. Igualmente no podrían manifestar su naturaleza, ya que ellos se desconocen y no saben lo que son.

El preceptor de Emilio responde a las observaciones que su educando manifestó luego de que culminó su viaje. Entre otras cosas, comienza expresando lo siguiente:

"Antes de tus viajes, sabía cuál sería el efecto de ellos; sabía que considerando de cerca nuestras instituciones te alejarías mucho de prestarles la confianza que ellas no merecen. Es vano que aspiremos a la libertad bajo la salvaguardia de las leyes" (1985, 547).

De esta manera, el preceptor aprueba la opinión de Emilio y refuerza su postura, comentando la imposibilidad de ser libre bajo el imperio de las instituciones corrompidas. Las leyes no son garantía de libertad, puesto que no han sido escritas para salvaguardar la naturaleza del ser humano, fueron escritas para resguardar los intereses particulares de los hombres:

"¡Las leyes!, ¿en dónde se encuentran, y en dónde son respetadas? Por todas partes no has visto reinar con este nombre sino el interés particular y las pasiones de los hombres" (Rousseau 1985, 547).

El preceptor manifiesta un claro desprecio hacia las leyes que no manifiestan el interés común, sino las pasiones y los intereses de algunos pocos. Las únicas leyes que son valoradas por el mentor y Emilio son aquellas que expresan la consistencia del orden natural, las cuales hablan a los corazones de los hombres y que no pueden ser escuchadas por aquellos que han sido corrompidos en sociedad. Únicamente los sabios, como Emilio y su preceptor, pueden darse cuenta de su existencia, porque reconocen la voz de su conciencia, que es la única habilitada para compartir estas normas de la naturaleza:

"...las leyes eternas de la naturaleza y del orden existen. Ellas ocupan el lugar de la ley positiva para el sabio; están escritas en el fondo de su corazón por la conciencia y por la razón; a ellas es a las que se debe esclavizar para ser libre; y no hay otro esclavo que aquel que realiza el mal, pues siempre lo hace a pesar suyo" (Rousseau 1985, 547).

Desde esta mirada, seguir los dictámenes de las leyes naturales equivale a seguir la voz de la conciencia, que junto con la razón, determinan el rumbo justo que tiene que transitar el hombre sabio. Por otro lado, aquel que no sigue esta determinación natural y elige generar daño o perjuicio en los demás, lo va a hacer a pesar suyo, porque la voz de la conciencia condena sus malos actos.

La libertad, entonces, es una condición del hombre "consciente" que sigue su corazón, su ser. Este valor, que es tan importante, no está presente en las instituciones políticas y por esa razón es menester seguir los dictámenes del corazón, puesto que de esa forma el hombre sigue siendo libre:

"La libertad no está en ninguna forma de gobierno, está en el corazón del hombre libre, quien la lleva por todas partes con él" (1985, 547).

Más allá de esta fuerte inclinación que Emilio siente por la libertad, al igual que su preceptor, él comprende la unidad natural que existe entre todos los humanos, y su amor al autor de su Ser, que todo lo abarca, hace posible que él sienta amor por todos sus hermanos y hermanas, que son parte de la misma obra celestial. Por esto es que él no se va a apartar de la realidad social, puesto que él ama lo que Dios ama, ama a los humanos que son obra del Creador, y por ende va a perseguir el bien común:

"El bien público, que sólo sirve de pretexto a los demás, es para él solamente un motivo real" (Rousseau 1985, 547).

De esta forma, Emilio no va a tener una participación pasiva en el orden social, sino más bien activa, en tanto que busque procurar el bien común de sus hermanos.

Para poder lograr esto es necesario que comprenda la necesidad común que hace posible la existencia de un bien común unificador. Pero esto no es un problema para Emilio, que ha sido instruido sobre la naturaleza del ser humano, y es esta comprensión la que le permite entender genuinamente qué es lo que él más desea y, por ende, lo que la especie humana debe desear en su conjunto.

Para esto sólo basta con escuchar la voz de su conciencia que se expresa por igual en el corazón de todos los hombres. La diferencia es que los demás seres humanos no saben escucharla y él sí.

Es así como su natural inclinación lo va a llevar a amar a sus semejantes y a ayudarlos en todo lo que pueda. Esta espontánea manifestación que siente Emilio de servir a sus semejantes es reforzada por su preceptor a través de la siguiente exhortación:

"…tú debes amarlos siendo hombre. Debes vivir en medio de ellos, o al menos en lugar en donde puedas serles útil en tanto puedas, y en donde ellos sepan recurrir a ti si tienen necesidad de tu ayuda" (Rousseau 1985, 547).

Queda claro, entonces, el pedido que Rousseau le hace a Emilio. Le está indicando que su misión es ayudar a los seres humanos, servirlos en todo lo que él pueda.

¿Cómo va ayudar Emilio a sus semejantes? ¿Cómo desea Rousseau que les sirva?

Emilio está preparado para compartir con los individuos un modelo de vida que dista mucho de la forma de vida que los hombres civiles están acostumbrados a desarrollar. Él fue instruido para respetar su natural inclinación, la voz de su conciencia, y a seguirla esté donde esté. Su forma de comportamiento está enmarcada dentro de un conjunto de virtudes naturales que son expresión del amor de sí extendido hacia sus semejantes.

Su moralidad, que es su religión natural, es una construcción ideológica que le permite al educando manifestar su Ser bondadoso, su sentir natural, sin sufrir la alienación que vive el hombre que ha sido educado en la sociedad.

Esta educación natural que ha recibido Emilio, no solamente le fue brindada para que pueda reconocer lo que es y así evitar la alienación social, sino que fundamentalmente ha sido instruido para que sea imitado por sus semejantes como un modelo de vida ejemplar.

De esta manera, Rousseau le indica a su educando la misión que tiene que cumplir entre los hombres:

"...tú, buen Emilio, ..., ve a vivir en medio de ellos, cultiva su amistad en una dulce comunicación, sé su bienhechor, su modelo: Tu ejemplo les servirá más que todos nuestros libros y el bien que te verán hacer les conmoverá más que todos nuestros vanos discursos" (1985, 548).

Es así como el preceptor le pide a su alumno que comunique con el ejemplo su forma de vida, su religión natural y, en definitiva, lo que los humanos son.

Emilio ha sido preparado, en última instancia, para que sea modelo y guíe a los individuos hacia una forma de comprensión de la raza humana que les permita convivir en igualdad y en libertad, procurando siempre realizar el bien común.

En definitiva, Rousseau desea que la cosmovisión de Emilio sea trasmitida a través del ejemplo a los demás seres humanos, que los lidere hacia una nueva forma de conciencia que les permita ser ellos mismos, así podrán desapegarse de la mente alienante que los corrompe.

Este pedido que se le hace a Emilio no implica que tenga que vivir en la ciudad, dentro del sistema institucional que ha corrompido a sus semejantes, sino que puede establecerse en la tranquilidad de la naturaleza y desde ahí iniciar una nueva vida para él y para todas las personas que lo acompañen:

"...no te exhorto a que vayas a vivir a las grandes ciudades; por el contrario, uno de los ejemplos que los buenos deben dar a los demás, es el de la vida patriarcal y campesina, la primera vida del hombre, la más tranquila, la más natural y la más dulce, para quien no tiene el corazón corrompido" (1985, 548).

A pesar de que el educando está preparado para vivir en la sociedad sin ser corrompido, él puede servir mejor a su causa yéndose con su esposa, Sofía, a vivir al campo y desde ese lugar construir un modo colectivo de vida que sea naturalmente beneficioso para todos aquellos que busquen refugio de la sociedad corrupta (Rousseau 1985, 548).

De esta forma, Rousseau finaliza la preparación de Emilio exhortándolo a ser ejemplo y propulsor de una forma de vida que esté en sintonía con la naturaleza humana.

Esta educación civil que ha recibido el educando culmina el proceso educativo que el preceptor diseñó para formar al hombre ideal. Un individuo que es consciente de la igualdad entre todos los seres humanos, que es consciente de la unidad que existe entre todos los sujetos.

Un individuo que sabe lo que es y, por eso, ama la libertad que le permite manifestar su esencia divina, la voz de la conciencia. Ha comprendido que las instituciones políticas que existen esclavizan al hombre civil y lo alejan de su naturaleza.

Él es consciente de que la naturaleza es importante para él y que va a hacer todo lo posible para ayudar a los demás seres humanos a manifestarla.

Para lograr esto, es necesario que él comparta su conocimiento sobre la naturaleza humana con sus semejantes.

Esta acción de servicio y de instrucción que le ha exhortado a realizar su preceptor puede significar el inicio de una nueva sociedad.

Capítulo 3. Las condiciones iniciales del *Contrato Social*

"Quiero averiguar si, en el orden civil, puede haber alguna regla de administración legítima y segura, que tome a los hombres tal como son y las leyes tal como pueden ser" (Rousseau 2003, 41).

Así es como empieza el *Contrato Social*. Rousseau nos pone de manifiesto su interés en descubrir si existe una forma de gobernar a los seres humanos sin que estos dejen de ser lo que son. Que se pueda desarrollar una forma de organización política capaz de respetar la condición natural del hombre por medio de un adecuado mecanismo de legislación.

Dado que "el hombre ha nacido libre y por todas partes se encuentra encadenado" (2003, 42) es que Rousseau levanta su voz en contra de las instituciones políticas que reprimen la libre manifestación de la naturaleza humana, y por eso es que emprende la misión de gestar, en el plano de las ideas, una fórmula política que sirva para preservar la libertad y la igualdad natural de los hombres.

De esta forma, Rousseau no propone que los individuos vuelvan al Estado de Naturaleza, sino que se busque una forma de conciliar el orden natural con el orden civil. Se busca una forma de conciliar la naturaleza humana con las leyes civiles que han de situar al hombre en estado de convivir armoniosamente con sus semejantes, sin renunciar a lo que son.

Para que se dé esa convivencia armoniosa entre los hombres es necesario que exista una autoridad legítima que pueda regir según ciertas convenciones, tal como expresa Rousseau:

"Ya que ningún hombre tiene autoridad moral sobre su semejante, y puesto que la fuerza no produce ningún derecho, quedan entonces las convenciones como base de toda autoridad legítima entre los hombres" (2003, 47).

Los hombres son iguales entre sí, son semejantes, y no tienen ninguna autoridad sobre sus pares por naturaleza. Solo es posible establecer una autoridad legítima por medio de una serie de convenciones pactadas entre sí.

Esta autoridad tiene que proteger la libertad, la igualdad, los bienes y la persona de cada uno de los pactantes. En definitiva, lo que se busca es "… una forma de asociación que defienda y proteja con toda la fuerza común, la persona y los bienes de cada asociado, y por la cual cada uno, uniéndose a todos, obedezca tan sólo a sí mismo, y quede tan libre como antes" (Rousseau 2003, 54).

Esta forma de asociación defiende la igualdad y la libertad de cada uno de los asociados lo máximo que es posible dentro de la convención. Se busca que estos derechos naturales de los individuos sean preservados por medio de un pacto. Esa asociación es la que procura establecer el Contrato Social:

"Cada uno de nosotros pone en común su persona y todo su poder bajo la suprema dirección de la voluntad general; y nosotros recibimos además a cada miembro como parte indivisible del todo" (2003, 55).

Este contrato establece la existencia de una sola voluntad colectiva, que será la encargada de dirigir la vida de los miembros que decidieron constituirla.[80] Esta unidad moral y colectiva, que se manifiesta a través de la Voluntad General, es experimentada por cada uno de los pactantes ya que cada uno es "parte indivisible del todo".[81]

---

[80] Según David Barash (2004), el Contrato Social es una forma de establecer una coexistencia pacífica entre la sumatoria de voluntades particulares y la voluntad general:
"Rousseau estableció una distinción importante entre la "voluntad de todos" (la suma de los deseos individuales) y la "voluntad general" (el bien de la sociedad, tomada como un todo), enfatizando que el contrato social es una manera de asegurar que la búsqueda de la primera no destruya la segunda".[iv]

[81] En relación a esto, Carrin (2006) señala en su artículo como los principios de organización política y cooperación que ofrece el Contrato Social pueden facilitar en la vida real una guía para propiciar un estado de cooperación y bienestar general para los individuos.

De esta forma, cada uno deja de ser un individuo y pasa a ser expresión de un yo común, tal como nos relata Rousseau a continuación:

"Inmediatamente, en lugar de la persona particular de cada contratante, este acto de asociación produce un cuerpo moral y colectivo, compuesto de tantos miembros como votos tiene la asamblea y por este mismo acto ese cuerpo adquiere su unidad, su yo común, su vida y su voluntad" (2003, 55-56).

Esta voluntad que se constituye a partir del Contrato Social es una unidad política que representa el interés de todos los que la integran y, por lo tanto, manifiesta el interés común que los une a todos y los hace copartícipes de un cuerpo moral. Esta asociación inicia la existencia de un cuerpo político que en estado pasivo va a recibir el nombre de Estado, en actividad va a recibir el nombre de Soberano, y en comparación con otros cuerpos políticos va a recibir el título de Potencia (Rousseau 2003, 56).

Los miembros de este cuerpo cuando actúen desde el Soberano serán Ciudadanos y cuando actúen desde el Estado serán Súbditos (Rousseau 2003, 56).

Esta fórmula política es viable siempre y cuando todos los pactantes, previamente a la suscripción, sean conscientes de la igualdad, la libertad y la unidad natural que existe entre ellos. De no ser así no habría posibilidad de que voluntariamente y libremente acuerden ser una sola voluntad general constituida por iguales.

Este sentirse cada uno como parte indivisible de un Todo es una clara manifestación de la presencia de una conciencia de unidad que no deviene del mismo pacto político sino que lo antecede. La común disposición y la entrega completa que hacen todos los individuos a la hora de pactar es un claro indicador de que la unidad y la igualdad que existe entre ellos no es obra del Contrato Social.[82]

Esto sugiere, sencillamente, que los asociados tienen un conocimiento sobre su naturaleza previo a la gestación del pacto social.

Entonces, se podría presuponer que la Voluntad General va a ser la encargada de administrarlos y de protegerlos, y será la que haga posible la conciliación del orden civil con la naturaleza humana.[83]

Este poder conferido a la Voluntad General que le dan los pactantes es una señal de la necesidad de construir una forma de vida que restablezca la unidad esencial, natural en un plano político-social.

---

[82] Con respecto a esto, Scruton (1998) sostiene que no podría haber contrato social sin que los pactantes posean un conocimiento sobre la moral que los habilite a comprometerse mutuamente:

"…es solo con la llegada de la libertad moral que podemos atarnos a través de un contrato".[v]

Este planteo de Scruton está en consonancia con el argumento que se esgrime en este párrafo en cuanto a la presencia anterior al contrato de un conocimiento que habilita a los individuos a realizar el mismo.

[83] Al respecto, Mondolfo (1962) argumenta que la voluntad de todos es diferente de la voluntad general:

"La primera se forma sólo en la reunión de los votos, la segunda es inmanente y activa en toda conciencia que sepa mantener pura la inspiración natural" (77).

Esta "inspiración natural" es la inspiración de Dios que unifica las almas en una sola voluntad.

En este sentido, Mondolfo nos indica el papel vital que tiene la "conciencia" en la construcción de un yo común y de una voluntad común:

"… Rousseau reivindica la conciencia de la dignidad de la naturaleza humana … La conciencia moral de ésta no se trasluce en el sentimiento particularista (amor propio), sino en el universalista (el amor de sí); el cual constituyendo a un mismo tiempo la interioridad por excelencia y 'la fuerza expansiva del alma que me identifica con mis semejantes', es casi el puente de pasaje del hombre a la sociedad, del yo individual al yo común, de la voluntad de cada uno a la voluntad general" (1962, 70-71).

Desde este punto vista, la conciencia que aporta el conocimiento de la religión natural es una condición necesaria para que pueda existir una voluntad general que dirija la vida de todos los involucrados.

Las condiciones que señala Rousseau explícitamente como causantes del pacto social son las siguientes:

"Supongo a los hombres llegados a un punto en que los obstáculos que perjudican su conservación en el estado de naturaleza triunfan, mediante su resistencia sobre las fuerzas que cada individuo puede emplear para mantenerse en ese estado. El estado primitivo no puede, entonces, subsistir más; y el género humano perecería si no cambiara de manera de Ser" (2003, 53-54).[84]

Esta es la única explicación que nos brinda Rousseau sobre por qué el hombre salió del Estado de Naturaleza y accedió al pacto social.[85] Hace alusión a los obstáculos que perjudican la conservación del hombre en ese estado primitivo, pero no nos explica a qué tipo de obstáculos se refiere.

---

[84] Se puede presuponer que el estado de naturaleza al que hace referencia Rousseau en este párrafo no es el primer estado "puro" de naturaleza, sino aquel estado de naturaleza que se deriva de la máxima expresión de la corrupción humana que asume la forma del despotismo. Este estado de máxima decadencia humana es relatado por Jean Jacques en su *Segundo Discurso*:
"…el despotismo elevando gradualmente su cabeza odiosa y devorando todo lo que hubiera percibido de bueno y de sano en todas las partes del Estado, llegaría finalmente a pisotear las leyes y el pueblo, y a establecerse sobre las ruinas de la república. […] Acá todo se reduce a la sola ley del más fuerte y, en consecuencia, a un nuevo estado de naturaleza diferente de aquel por el cual hemos comenzado, en que uno era el estado de naturaleza en su pureza y que este último es el fruto de un exceso de corrupción" (2003, 361-362).

[85] Con respecto a esto, Waksman (2004) nos ofrece una pregunta que resalta el mismo vacío que se señala en este trabajo: "¿Qué cambio se operó entre esos hombres para que llegaran a ser capaces de pactar con otros?" (545). La autora realiza un trabajo de comparación entre el *Manuscrito de Ginebra* y el *Contrato Social* poniendo de manifiesto, entre otras cosas, la decisión que toma Rousseau de retirar de su versión definitiva una sección ("De la sociedad general del género humano") que podría agregar datos respecto al origen del contrato social. Igualmente, esta sección era insuficiente en la explicación sobre el génesis del contrato social, razón por la cual se puede especular que no fue incorporada en la versión definitiva:
"Quizás, ante la imposibilidad de conciliar ambos momentos, el de la historia y el del fundamento, el de los hechos y el de los principios, Rousseau prefirió quitar el problemático texto" (Waksman 2004, 545).

Hace referencia a un momento histórico, cuando dice llegados a un punto, pero no especifica en qué momento.

Y termina diciendo que los humanos podrían haber muerto de no haber cambiado su forma de ser. Obviamente que todo esto es una argumentación hipotética sobre las condiciones previas que originaron la necesidad colectiva del Contrato Social.

Pero, ¿es acaso esta argumentación hipotética una explicación suficiente sobre las condiciones causales del Contrato Social?

Dado que no nos explica por qué los hombres se sitúan por igual y se unen para constituir una sola voluntad que los va a dirigir políticamente, siendo cada uno de ellos manifestación de ese único Cuerpo Político, la respuesta a esta pregunta es no.

Por otro lado, Rousseau en el capítulo siete del libro segundo del *Contrato Social* alude a la figura del "legislador" para llenar, de forma imperfecta, el vacío de explicación sobre el origen del pacto social. Es aquel "hombre extraordinario" que recurriendo a Dios puede "arrastrar sin violencia y persuadir sin convencer" a un grupo de personas para constituir el Contrato Social.

Este legislador, "quien osa emprender la tarea de instituir un pueblo", debe recurrir a Dios para guiar a los humanos hacia la concreción de una unidad política. El problema del legislador es que, siendo el único portador de la palabra de Dios, los demás individuos pueden interpretar que no es la palabra de Dios la que manifiesta sino su palabra y, en ese caso, no tendría ningún tipo de autoridad para dirigir políticamente a nadie. La voz de uno no es representativa de la voluntad general e iría en contra de lo que postula el Contrato Social. Por otro lado, el legislador es un humano y tiene los mismos derechos naturales que todos los demás hombres, entendiéndose que no puede ser autoridad de nadie, dado que no es superior a nadie. Además, no se sabe cómo el legislador puede lograr que todos los pactantes tengan conciencia de unidad y de igualdad a la hora de pactar. Sería necesario que el legislador tuviera conocimiento de la religión natural para poder enseñarles a los pactantes a escuchar la voz de la conciencia, y de esa forma se igualarían y unificarían en una sola voluntad. Pero Rousseau no menciona que el legislador posea el conocimiento de la religión natural, por ende, este camino no es una alternativa para él.

De esta forma, el personaje del legislador no nos suministra una explicación suficiente sobre cómo se origina el Contrato Social.

Por lo tanto, el *Contrato Social* no nos brinda una respuesta suficiente a la pregunta sobre las condiciones causales del pacto social, pero es posible que la respuesta se encuentre en otra de sus obras. La hipótesis de este trabajo sostiene que la pregunta sobre la génesis del Contrato Social se puede responder en el *Emilio*. Es en esa obra donde se puede encontrar una respuesta implícita a la cuestión del origen del Contrato Social.

¿Cómo es posible que todos se consideren iguales entre sí? ¿Cómo es posible que actúen como si en ellos actuase una misma unidad? ¿Cómo es posible que tengan conciencia de su libertad natural?

La respuesta a estas preguntas es la siguiente: Todos tienen conocimiento de la religión natural. Todos escuchan sus respectivas conciencias y, por ende, escuchan una sola voz, una sola voluntad general que se manifiesta por igual en la esencia de todos los individuos: Dios.

La pregunta que sigue a esta respuesta es: ¿Cómo les llega este conocimiento? ¿Es acaso Emilio quien imparte este conocimiento sobre la religión natural?

En el próximo capítulo vamos a abordar el tema del líder consciente como hipótesis respuesta a la cuestión del origen del Contrato Social.

Capítulo 4. Liderazgo consciente

Este capítulo tiene la intención de ilustrar la correlación que se podría establecer entre el *Emilio* y el *Contrato Social* en base al tema del líder consciente.

En el *Emilio* se propone una fórmula educativa que tiene la finalidad de formar al hombre de acuerdo al conocimiento de la naturaleza humana. Para este propósito, se presenta un alumno imaginario, cuyo nombre es Emilio, el cual va a ser instruido por un preceptor (Rousseau) que le proporcionará todo el conocimiento que él necesite para que manifieste su yo verdadero, su alma.

En el *Contrato Social* se presenta una fórmula política en la cual todos los que la integran constituyen en común una sola voluntad, que será la encargada de dirigirlos en todos los asuntos políticos. Este contrato se constituye desde un conocimiento sobre la igualdad y la libertad humana que hace posible que todos los pactantes se unan por igual y ganen la misma libertad que tenían antes, más toda la fuerza de la voluntad general.

Estos dos libros, como fueron escritos por el mismo autor y guardan cierta semejanza lógica, pueden tener, implícitamente, una conexión explicativa que hace posible que el modelo educativo se interprete como base de gestación de las condiciones del *Contrato Social*.

Para explicar esta conexión comenzaremos por analizar el *Emilio*.

Emilio, en primera instancia, es formado para que pueda evitar ser corrompido por sus semejantes una vez que se haya insertado en el medio social. La corrupción a la que se refiere Rousseau implica que el hombre civil se encuentra alejado de su naturaleza y vive fuera de sí, pendiente de la opinión de los demás. Este estado de corrupción lo denomina Rousseau como alienación.

En definitiva, el preceptor de Emilio desea que el mismo no sea alienado en la sociedad por los hombres civiles, que han recibido una educación que los ha corrompido y alejado de su esencia. Es por eso que, como respuesta a la decadencia de la vida antinatural que desarrolla el hombre civil, va a proponer una solución, que es el modelo educativo basado en el conocimiento de la naturaleza que será implementado con Emilio.

Este educando será el primero en recibir esta instrucción tan especial y diferente a la formación que reciben sus compatriotas por las instituciones sociales tradicionales.

Será el primero en recibir una educación que lo conduzca a manifestar su verdadero ser, su alma, y a reconocer, por ende, el comportamiento antinatural del hombre que ha sido formado por las instituciones civiles corruptas.

Esta educación que recibe Emilio de parte de su preceptor se puede resumir en los siguientes principios que constituyen la religión natural:

1) Existe una voluntad suprema que mueve el universo y anima la naturaleza, llamada Dios.
2) Dios se expresa en toda la manifestación y en la unidad de intención que gobierna la relación de todas las partes, la cual consiste en la conservación del todo dentro del orden establecido.
3) Dios es amoroso, dichoso y libre.
4) Todos los seres humanos fuimos creados a imagen y semejanza de Dios.
5) Somos una sustancia inmaterial que anima nuestro cuerpo, capaces de elegir libremente qué curso de acción seguir. Esta sustancia, que constituye nuestra identidad innata, se denomina alma.
6) Somos lo que sentimos. Lo que sentimos es la voz del alma, nuestra conciencia.
7) Las ideas válidas son aquellas que son aprobadas por la conciencia y las ideas inválidas son aquellas que son desaprobadas por la conciencia.
8) La voz del alma es nuestra conciencia y la voz del cuerpo son nuestras pasiones, y son estas últimas manifestaciones antinaturales, dado que lo natural solamente se corresponde con el alma.

9) La voz del cuerpo son las pasiones, y éstas responden a la idea de consideración que se halla presente en la mente del hombre alienado, que depende de la aprobación ajena.

10) Una vez que el individuo incorpora las nociones del bien y el mal, su conciencia lo va llevar a amar el bien y a practicarlo.

11) La contemplación de nuestra esencia nos conduce a amar a Dios y a querer lo que Él quiere.[86]

De estos once principios fundamentales Emilio deriva todo su conocimiento sobre sí mismo, sobre Dios y, fundamentalmente, sobre todos los demás seres humanos.

Si bien estos once principios no son manifestados de esta forma, no dejan de ser un resumen congruente con las enseñanzas que sostiene el preceptor.[87]

Cabe destacar que este modelo constituido por once postulados fue una elaboración del autor de este trabajo para facilitar al lector la comprensión del conocimiento relacionado con la religión natural.

Siguiendo lógicamente este modelo, Emilio puede acceder a este conocimiento sobre su naturaleza a través del sentir.

---

[86] En relación a esto, Rousseau en sus *Reflexiones de un paseante solitario* nos comenta lo siguiente:

"... hay un estado donde el alma encuentra un asiento bastante sólido para descansar en él toda entera y reunir allí todo su ser ... ; donde el tiempo no sea nada para ella; donde el presente dure siempre, pero sin notar su duración y sin ninguna traza de sucesión, sin algún otro sentimiento de privación o de goce, de placer o de pena, de deseo o de temor, como no sea el sentimiento de nuestra existencia y que este sólo sentimiento pueda llenarla toda entera; mientras dura tal estado, el que se encuentre en él puede llamarse dichoso ..." (2003, 50).

Podemos entender a través de este párrafo que significa la contemplación para Rousseau.

[87] Para tener una referencia directa sobre los postulados que sostiene el vicario remitirse al capítulo 1 de esta tesis.

El postulado que establece "sentimos lo que somos", es la base de construcción de toda la teoría rousseauniana y es la base constitutiva de la religión natural.[88]

Cabe destacar que este principio establece un poderoso desafío a la premisa que sostuvo el filósofo Descartes (2001): "Cogito ergo sum" o "Pienso luego existo".[89]

Este postulado que establece como indicador de la existencia del ser humano el pensamiento, Rousseau lo desafía proponiendo el siguiente: "Siento luego existo".[90]

Para Rousseau el sentimiento es lo que somos, y no el razonamiento. Más bien el razonamiento tiene que ser un instrumento que sirva para canalizar adecuadamente la manifestación de nuestro sentir.

En este sentido, Rousseau preceptor forma a Emilio para que la razón esté subordinada al sentir y éste se deje llevar por la misma para poder aportar al conjunto de los seres humanos su amor natural.

Este sentir es manifestación de su alma, de aquella sustancia inmaterial que anima su cuerpo y en definitiva constituye lo que es, su ser.

Dado que todos los seres humanos son creados a imagen y semejanza de Dios, tanto para Emilio como para cualquier otra persona, el sentir es la fuente de acceso a Dios.

---

[88] Con respecto a esto, Rousseau en sus *Confesiones* (1996) nos permite entender cuán importante para él es el sentimiento como medio para descubrir su naturaleza y la de los hombres:
"Siento mi corazón y conozco a los hombres" (3).
Esta frase con la que comienza su obra autobiográfica es la premisa sobre la cual edifica toda su obra filosófica.

[89] Descartes (2001), en el *Discurso del método*, afirma la existencia de una sola razón de validez universal de la cual deriva todos los demás postulados de su filosofía.

[90] Cabe destacar que la expresión "siento luego existo" es elaborada por el autor de esta tesis.

La razón de esto es que somos lo que sentimos, y si lo que somos es Dios, por ende al sentirnos, sentimos a Dios.

Por ende, todos los atributos que constituyen a Dios nos constituyen.

Dado que Emilio sabe cómo acceder a su esencia, es capaz de ser libre, bondadoso y dichoso como su Creador.

Su sentir se convertirá, entonces, en el medio por el cual tendrá acceso a los recursos de Dios y, además, será el medio por el cual validará sus ideas o razonamientos.

Este sentir, que se denomina conciencia, será la brújula que guíe los actos que realice y siempre lo conducirá por el camino del bien, una vez que haya incorporado las nociones del bien y del mal.

Esta conciencia, que representa la voz de su alma, será entendida como un principio de virtud y justicia y será, entonces, constitutiva de su moralidad.

Lo único que se puede oponer a esta voz sagrada es la voz del cuerpo, que asume la forma de las pasiones.

Éstas se encuentran presentes en el hombre civil, que ha recibido una educación que lo ha alejado de su naturaleza. Esta ignorancia fundamental que padece el hombre de la sociedad respecto a su esencia es lo que hace posible que la voz del cuerpo se imponga sobre la voz del alma. De esta forma, el hombre civil ahoga la voz del alma con la idea de consideración, la cual lo conduce a la comparación con sus compatriotas en busca de la sensación de superioridad.

Las diferencias del cuerpo son para el hombre civil constitutivas de su identidad. Y a raíz de esto es que sucumbe ante la necesidad de compararse para encontrar en sí mismo mayor estima respectos de aquellos con quienes se compara.

Pero esta acción de compararse no tiene sentido para Emilio, que ha encontrado la verdad de su Ser. Ha entendido que no hay razón para compararse, puesto que en esencia es igual a todos los seres humanos.

Él comprende que Dios existe y los ha creado a imagen y semejanza a todos los seres humanos. Él, además de poseer este razonamiento sobre la igualdad esencial, es consciente del mismo. ¿Y qué quiere decir que sea consciente?

Quiere decir que él siente lo que es, siente la igualdad que une a todos los seres humanos. Su sentir valida este razonamiento sobre la existencia de Dios y sobre la igualdad esencial.

Él, desde su sentir, ama a su Creador y, por ende, ama a todos los seres humanos, ya que son manifestación del mismo. Su amor natural es la base de su disposición a servir y a ayudar a todos los individuos. No importa las diferencias físicas o ideológicas que pudieran presentarse entre él y los demás. Él entiende la miseria de los hombres civiles que han nacido bajo el influjo alienante de las instituciones sociales.

Desde su amor, se compadece por aquellos que no disponen de este conocimiento, que a él lo ha inmunizado de la corrupción civil.

Pero él no se va a quedar quieto observando cómo sus compatriotas viven esclavos en la sociedad.

Él ha sido entrenado para tener una participación activa entre los individuos. Este fue el pedido que le hizo su preceptor al finalizar su educación. Emilio no fue preparado para que huyera a los bosques y viviera aislado junto con Sofía, para preservarse y evitar estar en contacto con los individuos.

El preceptor lo exhortó a comunicar su forma de vida, a ser modelo de conducta entre sus semejantes.

¿Para qué le hace ese pedido? ¿Qué supone el preceptor que Emilio es capaz de generar siendo modelo y ejemplo? ¿Cuál es la expectativa del mentor sobre su educando?

Las respuestas que se pueden ofrecer a estas preguntas no tienen otro carácter más que el de supuestos. En este sentido, se puede suponer que si le pide que sea modelo, no se lo va a pedir esperando que no ejerza ningún tipo de influencia. Si le hace ese pedido es porque cree que otros lo pueden imitar en su forma de ser, y entonces sería capaz de ejercer influencia. La influencia la estaría ejerciendo para propagar su filosofía de vida, su religión natural.

En este sentido, el pedido que Rousseau-mentor le expresa a su educando se podría presuponer que lo hace para que ejerza influencia sobre sus semejantes en la dirección que le dicta su corazón, su consciencia. En la dirección que Dios le dice que tiene que seguir. Él representa la voz de Dios puesta al servicio de los humanos que no han salido de la "caverna".[91] Que todavía no han visto la luz. Él es aquel que los guiará hacia el bien común que trasciende todas los intereses particulares de los hombres. El bien común que habita en el corazón de todos los individuos, que él ha podido comprender porque ha sido preparado para escuchar la voz de su alma.

Este bien común recibe el nombre de realización. La realización consiste en que cada ser humano pueda ser capaz de expresarse en todo su Ser y así poder "realizar el ser".

El pedido rousseauniano es ni más ni menos que cada individuo, así como Emilio, pueda manifestar su naturaleza. Que cada individuo pueda manifestar su ser.

---

[91] En este fragmento se hace alusión a la alegoría de la caverna de Platón (2000) escrita en su famosa obra *La República*.

Sócrates hace uso de esta metáfora para indicarle a Glaucón, entre otras cosas, la diferencia entre apariencia y realidad. La salida de la caverna, la salida de la ignorancia, se logra cuando se vislumbra la luz, el conocimiento, que libera al hombre de las apariencias para poder acceder a la verdad.

Cabe destacar que la presencia de Platón en las obras de Rousseau es algo que sostienen varios intérpretes, como Cooper (2002) y Clifford (1998), entre otros.

Pero para lograr la realización individual es necesario que los seres humanos comprendan lo que son y, además, posean la libertad para poder ser lo que son.[92]

Emilio comprende que los hombres civiles están encadenados por las instituciones políticas. Entiende que para ser libre no lo puede ser dentro del paraguas institucional que ofrecen los gobiernos de Europa.

Emilio entiende que el bien común de la realización individual es irrealizable donde las leyes son expresión de los intereses particulares de los poderosos.

Él necesita, además de promover su estado de conciencia, conducir a los individuos hacia la gestación de un cuerpo político capaz de respetar por igual la libertad de todos los que lo integran. Libertad que necesitan los sujetos que desean manifestar su ser.[93]

Emilio ha expresado su rechazo a las instituciones políticas existentes por ser aniquiladoras de la libertad humana, y por ende de toda posibilidad de manifestar la naturaleza de Dios.

Su conciencia lo conduce a ser ejemplo para los demás y, de esta manera, se puede presuponer que va a guiar a los seres humanos hacia una nueva forma de vida que esté alineada con la naturaleza. El bien común que existe es el de su corazón, que habla por igual al corazón de todos los individuos.

Se puede suponer que llegado el momento de que Emilio haya sembrado la semilla de la conciencia en un número significativo de personas, éstas escucharán por igual a su corazón y comprenderán el bien común que los une.

---

[92] Según Kaufman (1997), tanto para Rousseau como para Kant, la libertad es entendida como "la obediencia a las leyes que uno mismo se prescribe". En el caso de Emilio, él requiere ser libre para poder darse a sí mismo las leyes que le permitan manifestar su naturaleza.

[93] Para Cullen (2007), en la obra de Rousseau se presenta a la democracia como aquel paraguas institucional que necesariamente contribuirá a que los humanos recuperen su libertad en el plano civil.

La identidad de alma hace posible la existencia de un yo común que habla de un bien común, que es el de la voluntad común de todos aquellos que escuchan la voz de Dios.

El bien común reside en la voluntad unificadora de Dios, que anima la naturaleza y mueve el Universo.

¿Cuál es el bien común para aquellos que comparten el conocimiento de la naturaleza humana?

Simplemente Ser.

De esto es consciente Emilio y será, entonces, él quien guíe a sus pares hacia la construcción de una sociedad política que permita la manifestación del Ser que une a todos, en un pleno estado de igualdad.[94]

Este liderazgo, que se expresa en la influencia de uno sobre otros para alcanzar un bien común, tiene una cualidad diferente a la de cualquier otro tipo de liderazgo.[95] Y esa cualidad es el conocimiento que tiene Emilio de su alma y, por ende, del sentir que lo guía por el camino justo que Dios le ha expresado, para poder realizarse y ayudar a otros a realizarse por igual dentro de una sociedad política donde la igualdad y la libertad de los que la integran sean los valores primarios que la constituyen.

De esta forma, Emilio ejerce un liderazgo consciente sobre sus semejantes, ya que él siente lo que es y guía a los demás hacia la concreción de una meta común que está en consonancia con la naturaleza humana.

Esta meta común podría ser aquella que se manifiesta en el Contrato Social. Rousseau no nos explica cómo es posible que todos los seres humanos se sitúen por igual para constituir una sola voluntad que los va a dirigir

---

[94] Según Affeldt (2000), Rousseau forma parte de una tradición perfeccionista en la cual se plantea la necesidad de que cada individuo pueda realizarse, pueda expresar su ser, para que la sociedad hipotética del contrato social pueda nacer y subsistir. Esta mirada es concordante con la que se sostiene en este trabajo.

[95] Según Northouse (2004), "el liderazgo es un proceso en el cual un individuo ejerce influencia sobre un grupo de individuos para lograr un objetivo común".

políticamente a fin de poder preservar la libertad, la persona y los bienes de todos los contratantes.

Este cuerpo político se gesta desde un estado de conciencia compartido sobre la igualdad y la libertad natural de todos los humanos.

Todos los pactantes tienen un conocimiento que los habilita a constituir y ser una unidad, una sola voluntad, un Ser.

Este conocimiento, que habilita este estado de igualdad y de unidad, se corresponde con la filosofía de Emilio. Se corresponde con la religión natural de Emilio.

Emilio era consciente de su igualdad natural y de su libertad natural. Los pactantes también.

Emilio era consciente de la unidad natural que existía entre todos los humanos. Los pactantes también.

A Emilio le enseña su preceptor, quien le exhorta a servir y a ser ejemplo entre sus compatriotas para que puedan acceder a una forma natural de vida.[96]

¿A los pactantes quién les enseña?

Les enseña Emilio, que desde un liderazgo consciente, contribuye a gestar un estado colectivo de conciencia que habilita la gestación del Contrato Social.

El líder consciente es la tesis necesaria, pero no suficiente, que contribuye a llenar el vacío de explicación sobre la génesis del *Contrato Social*. Explicación que hemos hallado en el *Emilio*.

Todo lo que se ha relatado sobre el líder consciente es una construcción hipotética, que no tiene otro fin más que el de mostrar una posibilidad de interpretación, entre otras, que ayude a explicar cómo ocurre el Contrato Social.

---

[96] Según Hibert (2000), el liderazgo "no se trata de estar a cargo o tener el poder; se trata de servir a otros y ser su apoyo" (16).

Conclusión

Rousseau ha entendido los males de la sociedad de su época y ha tomado la pluma para escribir sobre estos vicios, pero no con el fin de procurar una revolución, sino su reforma.[97] La toma de las armas para derrocar a la autoridad de turno y establecer un nuevo sistema político no es el fin que se vislumbra en sus obras. Su propuesta de cambio social no apela a las armas, sino a la educación; y el cambio que se propone es gradual. Su proyecto educativo tiene cuerpo en el *Emilio*.

Resulta particularmente interesante entender qué tipo de reforma es la que se propone en sus obras. A raíz de la hipótesis que se ha demostrado en este trabajo, la reforma rousseauniana se encarna a través de un proyecto educativo que tiene la finalidad de formar a un hombre para que lidere a otros hacia la gestación de una sociedad democrática. Esta democracia es la que nace del *Contrato Social* y cuyo sustento se encuentra en el conocimiento que comparten todos los pactantes a la hora de realizar el contrato. Este conocimiento de la naturaleza del ser humano, que está presente en todos los individuos que deciden constituir un estado

---

[97] Según McNeil (1953), Rousseau no fue un revolucionario. No fue aquel que provocó la Revolución Francesa. Sin embargo, muchos de los revolucionarios lo han citado a él como principal precursor de la revolución, a pesar de que su pensamiento escrito tiene un tono esencialmente "anti-revolucionario":
"El profeta (Rousseau) no hizo la Revolución; la Revolución creó al profeta. El Rousseau no-político fue transformado en la mente pública en un Rousseau político, y pronto los revolucionarios lo fueron citando como uno de los principales fundadores de su Revolución" (809).[vi]
A continuación, se citará respectivamente la definición de "revolución" y "reformismo" que sostiene Bobbio (1991):
"La revolución es la tentativa acompañada del uso de la violencia de derribar a las autoridades políticas existentes y de sustituirlas con el fin de efectuar profundos cambios en las relaciones políticas, en el ordenamiento jurídico-constitucional y en la esfera socioeconómica" (1412).
"Reformista es [...] aquel movimiento que apunta a mejorar y perfeccionar, tal vez radicalmente, pero no a destruir el ordenamiento existente..." (1358).

democrático, es suministrado por aquel que lidera el proceso de gestación de este nuevo orden político: Emilio.

Rousseau en el *Emilio* prepara a su educando para que pueda ser el modelo de construcción de una sociedad que esté alineada con las leyes de la naturaleza. Dichas leyes son las que están escritas en el corazón de los hombres, que al no haber recibido una educación que les permitiera canalizar adecuadamente la voz del alma no pudieron comprender su existencia. Emilio, a diferencia del resto de los ciudadanos, ha sido preparado ideológicamente para saber cómo escuchar esa voz del alma, esa voz de la naturaleza. Emilio ha sido preparado para entenderse y, por ende, entender a todos los seres humanos, ya que él reconoce que son todos iguales en esencia.

La idea de igualdad y de unidad, fuertemente enraizada en el pensamiento de Emilio, es la base para poder suministrar un ejemplo y un modelo de vida que sea compatible con aquellos principios que definen a la democracia. Él es el líder que guía a los hombres a acudir a la gestación del contrato desde una posición de igualdad.

Toda esta preparación que recibió Emilio sirvió para que pudiera liderar a un grupo de personas hacia la creación de un orden político que estuviera en sintonía con la naturaleza humana. Emilio reconoce los vicios de la sociedad civil y, por lo tanto, comprende que la única manera de vivir el orden divino que le dicta su corazón es compartiendo su forma de vida con los demás hombres y mujeres. Expandir su conocimiento, sembrar ideas que ayudaran a los seres humanos a reconocer su verdadera identidad, su naturaleza divina, sería la clave para que pudiera desarrollarse un estado de cosas que fuera base de la construcción de un orden político natural.

El conocimiento que él suministra a los demás seres humanos, desde su ejemplo, es el de la religión natural. Esta religión trata sobre la metafísica de la naturaleza del ser humano, y es en base a este conocimiento que Emilio forja su personalidad y su destino como líder consciente.

La religión natural se puede resumir en los siguientes principios:

1) Existe una voluntad suprema que mueve el universo y anima la naturaleza, llamada Dios.

2) Dios se expresa en toda la manifestación y en la unidad de intención que gobierna la relación de todas las partes, la cual consiste en la conservación del todo dentro del orden establecido.

3) Dios es amoroso, dichoso y libre.

4) Todos los seres humanos fuimos creados a imagen y semejanza de Dios.

5) Somos una sustancia inmaterial que anima nuestro cuerpo, capaces de elegir libremente qué curso de acción seguir. Esta sustancia, que constituye nuestra identidad innata, se denomina alma.

6) Somos lo que sentimos. Lo que sentimos es la voz del alma, nuestra conciencia.

7) Las ideas válidas son aquellas que son aprobadas por la conciencia y las ideas inválidas son aquellas que son desaprobadas por la conciencia.

8) La voz del alma es nuestra conciencia y la voz del cuerpo son nuestras pasiones, y son estas últimas manifestaciones antinaturales, dado que lo natural solamente se corresponde con el alma.

9) La voz del cuerpo son las pasiones, y éstas responden a la idea de consideración que se halla presente en la mente del hombre alienado, que depende de la aprobación ajena.

10) Una vez que el individuo incorpora las nociones del bien y el mal, su conciencia lo va llevar a amar el bien y a practicarlo.

11) La contemplación de nuestra esencia nos conduce a amar a Dios y a querer lo que Él quiere.

Según estos postulados, Emilio ha sido instruido para poder captar la realidad trascendental de Dios en los seres humanos. Ha sido preparado para entender la unidad divina que existe entre todos los individuos. Somos todos una unidad, una sola voluntad, una sola voz, ya que somos todos creación del mismo Ser Supremo. Las diferencias que existen son las del cuerpo, pero para Emilio esas diferencias son superficiales y no tienen relación con su verdadero ser. Su identidad está constituida por aquella sustancia inmaterial que anima el cuerpo y que se denomina alma. Su alma se expresa a través del sentir, y es entonces el sentir expresión de lo que es.

Esta voz divina que se expresa por medio del sentir es la conciencia, que nada más puede ser escuchada por aquellos que hayan sido preparados racionalmente para ello. La razón puede impedir que el alma se exprese y, de esa forma, las pasiones, que constituyen la voz del cuerpo, no tendrían ningún tipo de restricción. Estas pasiones nacen con la idea de consideración que conduce al hombre a buscar la aprobación del público. La aprobación o la desaprobación pueden desencadenar vicios que tienen relación con una estima sobrevalorada o infravalorada. Respectivamente, los vicios que se pueden engendrar son la vanidad y el desprecio y, por otro lado, la envidia y el resentimiento.[98]

Estas pasiones responden a una lógica de comparación que está centrada en los atributos corporales, entendiendo entonces al cuerpo como eje constitutivo de la identidad humana. Rousseau desafía este concepto del ser humano, esta definición comparativa de la identidad humana, consagrando la igualdad espiritual del ser humano.

Desde esta perspectiva divina, el ser, el alma, es igual entre todos los humanos y lo único que es posible de ser distinguido y comparado es el cuerpo, dado que el cuerpo puede ser captado por los sentidos y el alma no.

La no visibilidad del alma hace posible que Rousseau pueda sostener este postulado sobre la igualdad del ser sin poder ser desafiado por las comparaciones que se realizan desde los sentidos.

Emilio, comprendiéndose como alma, es consciente de la igualdad natural que existe entre todos los seres humanos y, por ende, no acepta como parte de su identidad las diferencias procedentes de la comparación de los atributos de los cuerpos. Él aprendió que la esencia de Dios está presente en toda la existencia, y la especie humana no es la excepción. Siendo este postulado una creencia de nuestro Emilio, él va a entender que los humanos

---

[98] Con respecto esto Rousseau en su *Segundo Discurso* (2003) destaca lo siguiente: "... de estas primeras preferencias nacieron por un lado la vanidad y el desprecio, por el otro, la vergüenza y la envidia; y la fermentación provocada por estas nuevas levaduras produjo finalmente compuestos funestos para la felicidad y la inocencia" (332).

son acreedores de los mismos atributos esenciales, ya que todos fueron creados a imagen y semejanza del ser supremo.

El amor, la bondad, la libertad, la conmiseración, la dicha, la felicidad y todos los atributos restantes que pudieran derivarse de las cualidad innatas de la esencia divina son recursos que Emilio posee y tiene a su disposición, dado que ha sido educado para escuchar su corazón, su alma, y seguir su justo dictamen en todas las situaciones de la vida.

Su sentir va a determinar qué pensamientos son válidos y qué otros son inválidos y, de esa manera, podrá naturalmente constituir su propia moral, la cual será siempre concordante con la voluntad de Dios.

Si todos fueran conscientes como Emilio de su naturaleza y siguieran los dictámenes del corazón, estarían naturalmente alineados en una sola voluntad: la voluntad de Dios.

Emilio, que recibió no solamente la educación de la naturaleza sino también la educación civil, comprendió que los gobiernos no son proveedores de condiciones que permitan al hombre manifestar su esencia. Él ha observado al hombre corrompido por las instituciones sociales y no ve espacio posible para poder manifestar su naturaleza dentro del paraguas institucional que proveen los sistemas políticos.

El viaje que ha realizado por Europa ha sido una puerta para acceder a la realidad decadente de los hombres civiles y ha cimentado su vocación de servir a la causa de la naturaleza de Dios. Su mentor, luego de que regresó de su viaje y concluyó su formación en los asuntos cívicos, le exhorta a desarrollar una misión. Una tarea que tendría como imperativo contribuir a gestar entre los humanos un estado de gobierno que sea compatible con el impulso natural de la esencia de Dios.

Lo instó a compartir su modelo de vida con sus semejantes para poder crear un estado de conciencia colectivo que sirviera para cimentar un cuerpo de instituciones políticas que dieran cabida a la manifestación del orden divino entre los humanos.

Su conocimiento de la religión natural, desde el ejemplo, se expande entre aquellos que lo siguen. La igualdad y la unidad que él siente que existen entre los seres humanos se contagian entre sus semejantes en la medida en que su ejemplo y su servicio sirven para masificar la religión natural.

La religión natural, al llegar a un número significativo de personas, prepara el terreno para que crezca una sociedad política que atienda los intereses de esa única voluntad que los constituye a todos. Todos dejan su individualidad y asumen un solo ser colectivo que será el encargado de guiarlos hacia el bien común. Todos constituyen una voluntad general que no es ni más ni menos que la expresión de la voluntad del ser supremo que los ha creado a su imagen y semejanza.

Todos, escuchando la voz de su corazón, la voz de su alma, siguen únicamente una sola voz: la voz de Dios.

Esta voluntad general del pueblo será la autoridad política legítima. El gobierno del pueblo nace de la comprensión compartida sobre la naturaleza de Dios que habita y se manifiesta en todos los seres humanos. Este gobierno espiritual del pueblo puede recibir el nombre de democracia espiritual, ya que su sustento nace de la expansión y aceptación de la religión natural.

Dicha religión es inculcada a un individuo que será el encargado de compartir este valioso conocimiento sobre la verdadera naturaleza humana a todos los hombres y mujeres. Ese líder consciente, que guía a un grupo de personas hacia la construcción de un orden político congruente con las leyes de la naturaleza, recibe el nombre de Emilio.

En conclusión, Emilio es aquel que ha sido educado para liderar un cambio social que genere el reconocimiento colectivo de la verdadera naturaleza del hombre.

Este estado de comprensión general sobre la verdadera identidad del hombre será el punto de partida para gestar un contrato social que dará inicio a una sociedad democrática espiritual; la misma hará posible que los individuos se reúnan y gobiernen como si fueran una sola voluntad. La voluntad de una entidad suprema, que habla por igual al corazón de todos los individuos.

Referencias

- Affeldt, Steven. 2000. "Society as a way of life: perfectibility, self-transformation, and the origination of society in Rousseau". *Monist* 83(4).

- Allen, Brooke. 2006. "Sensibility and Sense". *Hudson Review* 59(3): 491-499.

- Baker, Bernadette. 2001. "Appointing the canon Rousseau's Emile, visions of the state and education". *Educational Theory* 51(1).

- Barash, David. 2004. "Personal gain vs. public good". *Chronicle of Higher Education* 50(32).

- Bernal Martínez de Soria, Aurora. 1998. *Educación del carácter/ Educación moral. Propuestas educativas de Aristóteles y Rousseau.* Navarra: Ediciones Universidad de Navarra.

- Bobbio, Norberto. 1991. *Diccionario de Política.* Buenos Aires: Siglo Veintiuno Editores.

- Carrin, Guy. 2006. "Rousseau's "social contract": contracting ahead of its time?". *Bulletin of the World Health Organization* 84(11): 917-918.

- Clifford, Orwin. 1998. "Rousseau's socratism". *The Journal of Politics* 60(1).

- Cooper, Laurence. 2002. "Human nature and the love of wisdom: Rousseau's hidden (and modified) platonism". *The Journal of Politics* 64(1).

- Cullen, Daniel. 2007. "On Rousseau's democratic realism". *Perspectives on Political Science* 36(4): 207-209.

- Dent, N. J. H. 1992. *A Rousseau dictionary.* Oxford: Blackwell Publishers.

- Descartes, René. 2001. *Discurso del método. Meditaciones metafísicas.* Madrid: Editorial LIBSA.

- Durand, Sonia. 1966. *La educación en Juan Jacobo Rousseau.* Buenos Aires: Editorial Huemul.

- Duvall. 2003. "The roles of praise and social comparison information in the experience of pride". *Journal of Social Psychology* 143(2).

- Grant, Ruth. 1994. "Integrity and politics: An alternative reading of Rousseau". *Political Theory* 22(3): 414-443.
- Hibert, Kirsten Mikel. 2000. "Mentoring leadership". *Phi Delta Kappan* 82(1): 16-18.
- Kaufman, Alexander. "Reason, self-legislation and legitimacy: conceptions of freedom in the political thought of Rousseau and Kant". *Review of Politics* 59(1).
- Keens-Soper, Maurice. 1992. "Jean-Jacques Rousseau: *The Social Contract*". En *The political classics: a guide to the essentials texts from Plato to Rousseau*. Maurice Keens-Soper y Murray Forsyth editores, 171-202. Oxford: Oxford University Press.
- Kramnick, Isaac. 1997. "Civilization and its malcontent". *New Republic* 216(11).
- Maritain, Jacques. 1986. *Tres reformadores. Lutero-Descartes-Rousseau*. Buenos Aires: Club de Lectores.
- McNeil, Gordon. 1953. "The anti-revolutionary Rousseau". *The American Historical Review* 58(4): 808-823.
- Mondolfo, Rodolfo. 1962. *Rousseau y la conciencia moderna*. Buenos Aires: Eudeba.
- Northouse, Peter. 2004. *Leadership: Theory and practice*. California: Sage Publications.
- Platón. 2000. *República*. Buenos Aires: Eudeba.
- Roosevelt, Grace. 2006. "Another side of Rousseau. Getting beyond the culture of consumption". *Encounter* 19(3): 14-21.
- Rousseau, Jean Jacques. [1762] 1985. *Emilio.* Madrid: Edaf.
- Rousseau, Jean Jacques. [1782/1789] 1996. *Confesiones.* México D.F: Editorial Porrúa.
- Rousseau, Jean Jacques. [1750, 1755, 1762] 2003. *El Contrato Social. Discursos*. Buenos Aires: Losada.
- Rousseau, Jean Jacques. [1780] 2003. *Reflexiones de un paseante solitario*. Buenos Aires: Editorial Quadrata.
- Scruton, Roger. 1998. "Rousseau and the origins of liberalism". *New Criterion* 17(2).
- Waksman, Vera. 2004. "El *Manuscrito de Ginebra*: Conjeturas acerca de la primera versión de *El contrato social*". *Deus Mortalis* 3: 519-547.

Citas en inglés

i- "... in *Emile* we find ... a thorough discussion of the way in which an individual can find, or make, a place for himself in society without suffering alienation or the personal corruption and pain that this involves" (Dent 1992, 106).

ii- "For Rousseau, men were naturally good, 'noble savages,' who were corrupted by civilization. As society and its institutions evolved, primitive innocence and natural honesty were replaced by artificiality and falseness" (Kramnic 1997).

iii- "Integrity includes morality and wholeness or unity, and opposes corruption and conflict or alienation" (Grant 1994, 415).

iv- "Rousseau made an important distinction, between the "will of all" (the sum of individual desires) and the "general will" (the good of society, taken as a whole), emphasizing that the social contract is a way of making sure that pursuit of the former doesn't destroy the latter" (Barash 2004).

v- "...it is only with the coming of moral liberty that we can bind ourselves by a contract" (Scruton 1998).

vi- "The prophet (Rousseau) did not make the Revolution; the Revolution created the prophet. The non-political Rousseau was transformed in the public mind into the political Rousseau, and soon the revolutionaries were citing him as one of the principal founders of their Revolution" (McNeil 1953, 809).

CONCLUSIÓN FINAL

Rousseau escribe para su público y también escribe para la sociedad contemporánea. Nos abre puertas que nos conducen a estados de comprensión que abarcan la corrupción humana, su alienación y el camino de salida para comenzar una nueva civilización. Una nueva construcción ideológica que devenga en la gestación de un contrato social por adquisición del conocimiento de la naturaleza humana.

El vicario sabía sobre este conocimiento, y se lo transmitió a Emilio, el potencial salvador, liberador del pueblo de la ignorancia fundamental que lo mantiene encadenado a una falsa identidad.

La falsa identidad, que conduce a los hombres y a las mujeres a que compitan por la adquisición de la superioridad valorativa, es una construcción de la identidad humana que aliena y que no se corresponde con la comprensión de la verdadera esencia espiritual del ser humano.

El pueblo puede renacer pero necesita un líder que sepa el conocimiento de la naturaleza, que sepa que la autovaloración no reside en la comparación sino en la contemplación del propio Ser, y este estado de meditación solo se adquiere mediante la luz que el vicario le ofrece a Emilio.

Es la luz de Emilio la que puede contribuir a mostrar el camino de salida del túnel de la ignorancia hacia la gestación de una sociedad política en la que cada ser humano se para en pie de igualdad y delega a un soberano, que será la expresión de una voluntad social alineada al Ser.

La corrupción civil del *Segundo Discurso* puede encontrar solución en un Contrato Social, cuya gestación, si es posible, será en alguna magnitud gracias al aporte y guía de un ser humano extraordinario. Un ser humano que superó la ilusión de la falsa identidad y encontró la Verdad de su naturaleza gracias a las lecciones de un sabio vicario.

Este ser humano extraordinario, que se llama Emilio, es el líder consciente. El vicario, que es su mentor, no menciona su nombre porque quiere preservar el silencio que caracteriza a los auténticos reformadores.

Ese reformador, para algunos un revolucionario, ideó un plan, que pudo ejecutar en su mente, pero que no tuvo la oportunidad de verlo en acción. No tuvo la oportunidad de ver a su Emilio difundiendo y condicionando el devenir de una nueva sociedad que se convierte en una comunidad de seres intelectualmente preparados para respetarse y observarse como iguales por naturaleza.

Ese hombre en las sombras que se imaginó a sí mismo como un vicario, que formaría a su discípulo para iniciar un proceso social de construcción político democrática, basado en el conocimiento de la naturaleza humana, se llama Jean Jacques, y su apellido es Rousseau.

SOBRE EL AUTOR

Juan Martín Figini ha dedicado su carrera a la comprensión y el desarrollo del ser humano en el medio social.

Publicó la primera versión de la *Teoría de los Sistemas Mentales* en el año 2009 y su versión en inglés, *Mental Systems Theory*, en 2012. Esta obra ofrece un modelo sobre el funcionamiento de la mente y su relación con el alma y con el cuerpo, desarrollando un conjunto de conceptos y leyes que explican los fenómenos mentales y su responsabilidad en la gestación de las emociones y los comportamientos, con el objetivo de mejorar la calidad de vida de los seres humanos.

Asimismo, ha desarrollado la Ingeniería de los Sistemas Mentales, una disciplina que tiene la finalidad de comprender y operar en el sistema mental para reestructurar el sistema de creencias de acuerdo al estado deseado que el sistema humano anhela alcanzar.

Ha diseñado e implementado diversos sistemas de entrenamiento basados en la Ingeniería de los Sistemas Mentales, incluyendo el Programa de Desarrollo Vocacional, el Entrenamiento Mental para Deportistas, el Programa de Evolución Personal, entre otros.

Se ha desempeñado como Consultor de Manchester Business School, The University of Manchester, Inglaterra. Ha desarrollado diversos programas educativos para el British Council entre ellos: Successful Teamwork y Words create Worlds.

Es Licenciado en Ciencia Política de la Universidad de San Andrés, Argentina. Realizó una Tesis de Licenciatura titulada *Alienación en Rousseau: Crítica Social y Proyecto Pedagógico*, que recibió por parte del jurado académico de la Universidad de San Andrés la máxima calificación de 10 puntos. Cursó, además, la Licenciatura en Relaciones Internacionales en dicha universidad.

Recibió una beca completa otorgada por la Weatherhead School of Business, Case Western Reserve University, USA, donde realizó el posgrado: Appreciative Inquiry Certificate in Positive Business and Society Change.

Posee los títulos de Posgrado en Modelos y Herramientas del Coaching Ontológico y Posgrado en Técnicas y Dinámicas de Intervención del Coaching, de la Universidad de Buenos Aires (UBA). Es Master en Programación Neurolingüística, aprobado por el Southern Institute of NLP, The Society of NLP, International NLP, USA. Recibió la Certificación Internacional en Coaching de la International Coaching Community (ICC), habiendo sido evaluado y aprobado por Joseph O'Connor. Además, recibió la certificación en el Fundamental Course y en el Nivel Advance de EFT –The Emotional Freedom Techniques– por The EFT Certificate of Completion Program, USA.

Además, realizó los cursos: "Fenomenología de la intersubjetividad y su importancia para la comprensión de las enfermedades mentales", Facultad de Filosofía, Universidad Católica Argentina (UCA); "Yo, sujeto e identidad. El nacimiento de estos conceptos en la Edad Moderna (Siglos XVII y XVIII)", Facultad de Filosofía, Universidad Católica Argentina (UCA) y "El modo de ser del sujeto humano en la filosofía de Kant y Hegel", Facultad de Filosofía, Universidad Católica Argentina (UCA).